하루만에 읽는 생명의 역사

하루만에 읽는 생명의 역사

137억 년간의 생성과 소멸, 그 순환의 기록

하랄트 레슈·하랄트 차운 지음 | 김하락 옮김

21세기북스

차례

머리말

과거, 현재, 미래. 시간의 강에 빠져 소용돌이에 휘말리고 그 흐름에 몸
을 맡긴 현대인은 자신이 만들어진 시간의 인위적인 기본 화살 세 개를
의식적으로 경험하거나 체험할 수 없다. 뇌 연구 결과가 보여주는 것처
럼 왜 우리가 현재의 참된 실재에 대해 알고 있는 것이 3초밖에 지속되
지 않을까? 현세적 관점에서 보면 현재를 생생하게 그려내고, 순간의
부드러운 숨을 들이쉬고, 시간의 화살이 나는 것을 관찰하는 데 3초는
정말 짧은 시간이다. 시간은 영원한 신하 곧 직선상으로 끊임없이 움직
여 잡을 수도, 따라잡을 수도 없다. 다시말해 시간의 화살이 자신의 존
재를 전혀 드러내지 않고 무자비하게 계속 날아가기 때문에 우리는 다
른 방법으로 시간의 흔적을 좇을 수밖에 없다. 우리는 지나간 '현재'를
깊이 들여다보아야 하고, 의식과 지력의 시초로 돌아가야 한다. 아니,
모든 사물의 시초 곧 인류의 현재와 미래의 진로를 결정한 빅뱅으로까

지 돌아가야 한다.

독자 여러분은 연대순으로 특별한 시간 여행을 하게 된다. 이 여행에서 우리 두 사람은 꿈같은 시간의 도약을 감행하여 한 번은 현재형으로, 한 번은 과거형으로 이야기한다. 이 여행은 빅뱅에서 시작하여 물질이 생성되고, 최초의 생명체가 생성된 때를 거쳐 인지가 폭발하는 때에까지 이르는, 시간과 공간의 여행이다. 우리 두 사람이 생명과 의식이 어떻게 이 세상에 생겨났는가 하는 문제를 우선적으로 다루므로 이 문제는 이 책을 시종일관 관통하고 있다. 이 책의 내용은 대부분의 과학자들이 받아들이는 이론과 모형을 바탕으로 하고 있다. 우리 두 사람은 서로 모순되는 가설은 설명을 피하고 과거에 대한 '우리의' 견해를 간단명료하게 설명한다. 그것은 지구에서 생명체가 어떻게 진화했느냐에 초점이 맞추어져 있다. 우주의 심연에서 쓰이고 외계의 생명체가 주역을 맡은 온갖 생명 이야기는 무시한다. 이 세상의 어떤 기록자도 그것을 알지 못하기 때문이다.

물론 우리가 소개한 데이터를 달리 해석하는 전문가도 분명히 있을 것이다. '데이터'를 대패질하다 보면 정보라는 대팻밥이 떨어지게 마련이다. 불가피하게 단순화해야 할 때도 있다. 결함을 인정하는 용기는 꼭 필요한 것이고, 정당한 것이기도 하다. 우주에 대한 우리의 지식은 몹시 불완전하다. 오늘날까지도 자신의 전문분야를 조금밖에 모르는 지질학자, 미생물학자, 해양 생물학자를 생각해 보라. 우주 물질의 4분의 3 이상을 전혀 해명하지 못하는 천체 물리학자를 생각해 보라. 잠재적 화석을 0.01%밖에 발굴해내지 못한 고인류학자를 생각해 보라. 지식의 부족이 과학이라는 엔진의 연료일지는 모르지만, 우리는 부족한 지식의 섬에 갇혀 전체를 보지 못할 수도 있다. 우리 두 사람은 지식의 섬에서 가장 중요한 분야를 소개하고 다른 중요한 틈을 메우는 것으로 만족한다. 정보와 이론이 넘치는 사전류의 진화 관련 책과 달리 이 책은 전체 맥락을 놓치지 않으면서 '우주' 역사의 전환점을 강조한다.

이 주제를 더욱 깊이 파고들고 싶은 사람은 관련 서적 또는 이 책 뒤에 소개된 참고문헌이나 사이트로 호기심을 달랠 수 있을 것이다.

특히 이 책에서 관심을 끄는 것은 점점 목소리가 커지고 있는 창조론과 관련이 있다. 창조론 신봉자는 대개 1650년 제임스 어셔James Ussher(1581-1656)의 계산을 근거로 기원전 4004년 10월 23일 우주가 창조되었다고 보고 있다. 하나님이 이날 꼭두새벽에 세상을 창조하기 시작했다고 한다.

우리 두 사람은 신창조론자들이 신앙을 과학적으로 뒷받침하려고 하는 도구인 '지적 설계'는 단호히 거부하지만, 교회나 종교 전체를 비판하지는 않는다. 신앙과 과학은 서로 충돌해서도 안 되고, 배척해서도 안 된다. 에너지 형태로든 비非에너지 형태로든 일찍이 우주에 생명을 불어넣어 이 우주를 창조한 존재는 137억 년간 지속된 우주 역사에서 가장 큰 신비이다. 우리는 이 신비를 과학적으로 설명할 수는 없다.

물론 시대와 문화권을 불문하고 사람들은 신의 문제를 제기하고, 우주와 우리 존재의 의의와 목적이 무엇인지를 밝히려고 노력해왔다. 지구는 말없는 시간의 증인으로서 생명체의 활동, 행동, 범행을 묵묵히

견뎌냈다. 최근 계산에 따르면 그 때에는 태양이 붉은 거인으로 팽창하여 지구상의 '거주자'(인류가 그때까지 존재하고 성간星間 우주 비행을 싫어한다면)와 함께 지구 자체를 삼켜버린다고 한다. 또 다른 계산에 따르면 우주도 언젠가 소멸한다. 100경京(10의 18승―역자주) 년 후에는 죽음의 열熱이 우주를 위협할 것이라고 한다.

물론 그때까지는 아직 시간이 남아 있다. 인류(그리고 몇몇 동물종動物種과 식물종植物種)와 관련된 생물학적 진화가 아니라 인간의 손으로 창조된 전자공학적, 생명공학적, 유전자공학적 돌연변이가 일어나는 진화는 우리와 함께 계속되거나 우리를 내팽개친 채 계속될 것이다. 우주가 살아가야 할 무한히 긴 시간에 비추어보면 생성과 소멸의 역사는 방금 시작된 것이나 다름없다.

우리 두 사람이 이 책을 쓰면서 맛본 만족감을 독자 여러분 또한 이 책을 읽으면서 함께 맛보기를 바란다.

어마어마한 서곡

빅뱅에서 막스 플랑크 시대까지

과거를 돌아보지 않고는 미래를 내다볼 수 없다. 우주론에는 공간, 시간, 물질 문제가 서로 밀접하게 연관되어 있다.

−한스 요아힘 블로머Hans-Hoachim Blomer

무는 존재를 지향한다.

−장 폴 사르트르Jean-Paul Sartre

우주는 왜 존재하려고 몸부림칠까?

−스티븐 호킹Stephen Hawking

고전적 빅뱅론은 대폭발이 미친 영향은 설명하지만, 무엇이 '폭발했고' 어떻게 '폭발했으며' 왜 '폭발했는지'는 설명하지 않는다.

−앨런 구스Allen Guth

1막 1장

무無. 생명도, 공간도, 시간도, 팽창도 없었다. 높이도, 길이도, 넓이도, 부피도 존재하지 않았다. 어떤 시간의 화살도 날지 않고, 어떤 시계도 똑딱거리지 않았다. 어느 때, 어느 곳에서 무가 폭발했다. 기원전 137억 년 전에는 빛도 없고, 섬광도 없고, 폭발도 없었다. 무한히 작고 조밀하고 뜨거운 점 하나가 뭐라고 말하기 어려운 입자와 힘으로 무를 채웠다.

까마득한 옛날 우주에 빛이 나타났을 때 어머니인 지구도 없고, 갓 태어난 우주의 역사 속을 날아 돌아다니는 광자光子도 없었다. 태초에는 절대 무도 없었다. 모든 물질적 존재의 시초에 어떤 존재 또는 무엇이 무를 그 무에서 벗어나게 했을까? 누가 또는 무엇이 연출가 역을 맡아서 극장을 짓고, 소품을 마련하고, 관객에 맞게 무대를 설치했을까? 이른바 빅뱅의 결과로 암흑천지가 빛으로 조금씩 생기를 띠게 된 별에 한번도 존재해 본 적이 없는 인류가 매우 '오래 전'부터 이 무대에 손님으로 출연했다. 우주극宇宙劇 1막의 어마어마한 서곡인 빅뱅이 웅대한 연극을 펼쳤다는 것과 그 대단원은 기껏 창조자만 알고 어떤 인간이나 지구 밖의 어떤 존재도 알 리가 없다는 것만은 확실했다.

이 연극은 리허설이 없는 초연이었다. 박수갈채를 보내는 관객도 없고, 듣는 청중도 없고, 비평가도 없고, 기록자도 없었다. 볼 만한 것도 없고 쥐 죽은 듯이 조용하고 깜깜한 무대에서 마침내 빅뱅이 일어났다. 빅뱅이 일어나 우주가 생성되었을 때 그 이전이라는 것은 없었다. 그 이전에는 어떤 시간도, 어떤 공간도 존재하지 않았기 때문이다. 아니, 137억 년 전에는 뭐라고 정의할 수도 없고, 측정할 수도 없는 작은 점 같은 것 속에 시간과 공간이 엄청나게 큰 에너지 밀도와 높은 온도의 형태로 존재했다. 이 점과 같은 것, 곧 무한히 작고 뜨거우며 밀도가 무한히 큰 이 최초의 특이한 영역인 미지의 영역Singularitaet은 현세와 내세 밖에 말하자면 형이상학과 물리학의 중간지대에 있었다. 이 미지의 영역은 시공 속에 편입되지는 않았지만, 빅뱅의 심장이었다. 이 미지의 영역으로 말미암아 우주가 약동하기 시작했다.

물론 시간과 공간 너머 우주 선사시대의 어둠 속에서 일어난 것들은, 우주 역사가에게는 유감스러운 일이지만, '여덟 개'의 봉인을 가진, 쓰이지 않은 책으로 영원히 남아 있다. 존재의 가장 큰 신비는 우리의 상상력 너머에 있고, 우리의 상상력과 수학적·철학적 이해력은 정말 보잘 것 없다. 어쩌다가 우리 뇌는 4차원밖에 이해할 수 없게끔 만들어져 우주 자체보다 복잡하면서 10억 개의 뉴런과 금실 같은 망을 가지고 있으면서도 빅뱅이 어떻게 일어났는지 아직도 이해하지 못하는 것일까? 이 모든 것이 우주사宇宙史의 쓰디쓴 아이러니 같지 않은가?

내친 김에 이야기를 하나 더 하기로 하자. 빅뱅을 다룬 과학 이론들을 연구하다 보면 언급할 필요가 있는 불가사의한 사건에 부닥친다. 인류 역사를 보면 여러 문화의 핵심에 빅뱅 관념이 있었다. 신화에 나오는 옛 조상들이 파피루스에 남겨놓은 것과 현대의 천체물리학자들이 제시한 과학적 근거가 확실한 빅뱅 모형은 적어도 한 가지 점에서 공통된 뿌리를 가지고 있는 듯하다. 여러 전승을 보면 이집트인, 북아메리카 인디언, 수메르인, 중국인이 빛이 폭발하여 세계가 창조되었다고 믿었다는 것은 역사적으로 확실하다. 특히 지력과 창의력이 뛰어난 고대의 철학자들은 무에서는 아무 것도 생길 수 없다는 신념을 토대로 세계의 원상 태와 물질의 원소를 밝혀내려고 했다. 이오니아의 철학자 아낙시만드로스Anaximandros(기원전 610년 무렵에서 546년)가 그린 우주 생성의 밑그림은 빅뱅과 비슷한 특징을 보인다. 아낙시만드로스의 견해에 따르면 우주는 생식 능력이 있는 씨앗, 곧 온溫과 냉冷이 '분리'됨으로써 생겨났다. 태초에 '무한한 실재'(아페이론Apeiron)가 있었고, 후에 이 무한한 실재에서 폭발이 일어났고 이 폭발에서 모든 천체가 생겨났다고 한다. 이것은 우연에 지나지 않는 것일까? 진화 덕분에 우리에게 생긴 직관적 지식이 여기에서 나온 것일까? 우리 안에는 우주의 기억마저 있는 것일까?

빅뱅 전문가들이 다루는 문제는 전체 모습을 알지도 못하고 몇 개안 되는 모자이크 돌이 어디에서 나온 돌인지 알지도 못한 채 고대의 거대한 모자이크 상을 짜 맞추려고 하다가 실패한 고고학자의 운명과 비슷하다. 그렇다. 빅뱅이 팽창 단계에서 그 모든 비밀을 함께 가지고 간 것으로 보인다. 우주의 기원을 알고 싶은 사람은 잔향殘響, 곧 빅뱅의 메아리를 알아야 한다. 외과 의사가 해부하듯이 또는 탐정이 꼼꼼히 조사하듯이, 우주배경복사론kosmische Mikrowellen-Hintergrundstrahlung을 검토해 보면 우주의 기원을 다룬 우주론의 표준 이론이 아무 것도 설명하지 못한다는 것과 기껏 고전적 폭발에 부합하는 것도 없고 그 자체로 사건이 된 적도 없는 '폭발'이 미치는 영향을 조금 설명할 뿐이라는 것을 알 수 있다. 역설적으로 들릴지 몰라도 빅뱅은 '사건'이 아니었고 '일어난' 무였기 때문이다. 결국 사건은 4차원 속성, 곧 공간 좌표 세 개와 시간 차원 한 개에 달려 있다. 당시에는 공간 좌표니 시간 차원이니 하는 것이 없었기 때문에 빅뱅은 역사적 사건도 아니고, 세속적 의미의 폭발도 아니었다. 아니, 빅뱅 또는 이에 수반된 유사 폭발이 전 우주를 '동시에' 가득 채웠다. 따라서 빅뱅은 우주의 모든 점과 모든 장소에서 동시에 일어난 것처럼 보인다. 이 우주 어딘가에서, 역사가 쓰였을 이 모든 장소에서 일찍이 빅뱅이 일어났다. 우주의 시작 때는 모든 장소가 같은 곳이었기 때문이다. 그럼에도 빅뱅은 시간, 공간, 물질의 아버지 이상이었다. 이 특이한 점에서 생긴 빅뱅은 우주를 생성할 때 오늘날 우리 운명을 근본적으로 결정짓는 것 세 개를 만들었다. 하나는 무한히 작은 특이한 점에서 생긴 빅뱅이 무한히 작은 것, 다시 말해서 크기로 말하자면 무無와 다름없는 소립자 또는 쿼크를 우주에 남겨두었다는 것이다. 다른 하나는 빅뱅이 은하계와 팽창하는 우주를 포함하고 이제까지 아무도 그 경계를 그을 수 없었던 무한한 크기의 아버지로 판명되었다는 것이다. 셋째는 빅뱅이 무한히 복잡한

17
1장 어마어마한 서곡

것이어서 다양한 본질, 무한히 풍부한 개념, 무한한 변화 가능성을 지니고 있다는 것이다. 빅뱅은 모든 사물의아버지다. 사물이 물질적인 것이든 비물질적인 것이든, 유기적 성질을 지닌 것이든 무기적 성질을 지닌 것이든, 극도로 작은 것이든 큰 것이든, 복잡한 것이든 아니든 간에.

광대무변함을 찾아 나선 시간의 화살

137억 년 전 시간과 공간 너머에 자리 잡고 앉아 1막 1장을 직접 볼 기회가 주어졌다 하더라도 여러분의 오감五感은 최악의 경우를 각오해야 했을 것이다. 당시에는 모든 것이 몹시 빨리, 극도로 빨리 진행되었다. 관찰자가 눈 깜빡할 틈도 없이 빅뱅은 창조적 위업을 끝냈다. 우주가 얼마나 짧은 시간에 생성되었는지는 이른바 막스 플랑크 시대에 들어와서야 적나라하게 드러났다. 그것은 시간과 공간에 대한 고전적 서술의 절대적 경계를 형성하고, 가장 이른 우주(빅뱅에서 10의 −43승 초 사이의 우주)의 모습을 보여준다. 물리학 법칙은 빅뱅을 더 많이 알고 싶어 하는 사람에게 대항한다. 막스 플랑크 시대는 이를테면 시간의 화살이 날아간 '시점'의 시작이었다. 지금도 이것은 측정할 수 있는 가장 짧은 시간 간격이다. 다시 말하자면 시간은 빅뱅과 함께 이 세상에 발을 들여놓은 것이 아니라 '빅뱅' 0.000000000000000000000000000000000000000001초[소수점 이하 0이 42개임] 후에 비로소 생겼다. 빅뱅 때는 시간이라는 것이 없었다. 온도가 섭씨 100000000000000000000000000000000

000도[0이 32개임] 이상이던 첫 밀리세컨드(1000분의 1초) 동안 시간의 화살이 재빨리 광대무변함을 찾아 나섰다는 것은 놀랄 것이 못 된다. 빅뱅 때 분리된 공간도 마찬가지였다. 공간 분리는 시간 화살의 처녀비행과 거의 동시에 일어났다.

연극 평론가와 공간의 팽창

천체물리학의 고전적 빅뱅 모형이 순조롭게 받아들여졌다는 것은 과학사적으로 볼 때 웃음을 자아내게 한다. 가톨릭 신부, 전직 노새 몰이꾼, 프로복서 지망생이 양보하지 않았기 때문이다. 천문학자들이 보는 세계상이 시작도 끝도 없는 세계, 곧 정적인 우주여서 우주가 팽창한다는 생각은 전혀 못했던 때에 벨기에인 신부 애비 조르주 E. 르메트르Abbe Georges E. Lemaitre(1894-1966)가 《원초원자가설》(1927) 초판을 출간했다. 천문학에 조예가 깊은 이 신부는 이 책으로 천문학사에 한 획을 그었다. 르메트르는 우주가 원시 에너지 양자에서 생겨났다고 주장했다. 알베르트 아인슈타인Albert Einstein(1879-1955)은 르메트르가 매우 독창적인 방법으로 생각해낸 빅뱅 개념이 그럴 듯한 것임을 인정했다. 아인슈타인은 르메트르의 빅뱅 개념이 우주 생성을 가장 잘 설명하는 것으로 보았다. 아인슈타인은 정적 우주를 확고히 지지하며 르메트르 식의 원초원자에서 생긴 우주를 단호히 반대했으나, 1930년 미국의 천문학자 에드윈 허블Edwin Hubble을 만나고 나서 견해를 바꾸었다. 허블은 이미 신문에 대서특필된 그 유명한 발견을 윌슨Wilson 산에서 100인치짜리 망원

경으로 아인슈타인에게 보여주었다. 1923년 허블은 조수 밀턴 L. 휴먼

슨Milton L. Humanson(1891-1972)(윌슨 산의 노새 몰이꾼 휴먼슨은 천문대 수위를 거쳐 허블

의 조수가 되어 출세를 했다)의 도움을 받아 대발견에 성공했다. 변호사 문턱

까지 가기도 하고, 잠시 프로복서를 꿈꾸기도 한 허블은 비로소 천직

을 찾았다. 허블은 안드로메다 성운을 발견하여 우리 은하계 외에도

무수히 많은 은하가 광활한 우주에 떠돌아다니고 있다는 것을 증명했

다. 우주가 이제까지 생각했던 것보다 훨씬 크다는 것이 분명해졌다.

1929년 허블은 머나먼 '우주 섬'에서 지구에 도달한 빛을 고성능 망원

경으로 포착하여 스펙트럼을 분석한 후 스펙트럼 선이 전자기 스펙트

럼의 붉은 쪽 끝, 곧 파장이 더 긴 쪽으로 이동하는 것을 알아냈다. 허

블은 이 적색편위赤色偏位(적색이동-편잡자주)를 근거로 자신이 관찰한 은

하가 지구로부터 계속 멀어지고 있다고 결론을 내렸다. 우주는 팽창한

다. 공간은 풍선처럼 팽창하고, '은하'는 떠돌아다닌다. 그러나 문제의

공간은 이미 존재하는 공간에서는 팽창하지 않는다. 최근 연구에 따르

면 어두운 에너지Dunklen Energie 때문에 생긴 이 팽창은 점점 빠르게 진행

되고, 영원히 진행된다.

　이 과정은 은하의 탈출속도에서 가장 잘 드러난다. 허블의 팽창법칙

에 따르면 공간은 탈출속도로 팽창하고, 허블상수는 탈출속도를 나타

낸다. 공식은 간단하다. 은하가 지구에서 멀어질수록 탈출속도가 빨

라진다는 것이다. 허블상수가 매우 중요한 의미를 지닌다는 것은 말

할 것도 없다. 허블상수를 이용하면 우주의 나이를 소급해서 추론할

수 있다. 최근 측정에 따르면 허블상수의 실제 값은 72km/s/Mpc(1메가

파섹 = 330만 광년)이다. 이 값을 토대로 팽창 과정을 거슬러 올라가면 어떤 점, 곧 시간, 공간, 물질이 통합되어 있던 빅뱅 때의 어떤 점에 반드시 도달할 것이다.

배경복사의 발견

적색편위에 이어 마이크로파 배경복사가 빅뱅 이론의 두 번째 대들보 역할을 했다. 배경복사는 빅뱅이 일어난 지 38만 년 후 곧 우주가 냉각하는 과정에서 원시 수프가 약 섭씨 3,700도가 된 때, 양성자와 전자가 모여 빛을 발생시키는 최초의 원자(그리스어 아토모스atomos는 쪼갤 수 없는 것이란 뜻임)가 된 때에 생겼다. 마이크로파 배경복사야말로 빅뱅의 우주적 메아리이다. 온도가 약 272켈빈Kelvin(섭씨 영하 270.43도)인 배경복사를 물리학에서는 3K복사라고 한다. 이 극소량의 화석광化石光의 중요성을 알아차린 최초의 사람 가운데 한 사람이 러시아 태생의 미국인 조지 A. 가모브George A. Gamow(1904-1968)였다. 가모브는 이미 1946년에 '뜨거운 태초' 이론을 주장했다. 가모브는 중성자 사이에 끼인 채 풍선처럼 서서히 커지는 수소 덩어리를 가정했다. 또한 냉각되는 동안 원시복사가 남고 이 원시복사는 우주가 빠르게 팽창함에 따라 절대영도 위 약 5도까지 냉각된다고 했다. 이것을 검증하려고 처음으로 나선 사람이 뉴저지 프린스턴 대학의 로버트 디케Robert Dicke였다. 추측에 지나지 않는 배경복사를 증명해야겠다는 생각에서 디케와 그의 팀은 직접 설계한 장치를 이용하여 우주 복사원輻射源(섭씨 영하 253.15도보다 차가운)을 발견해내려고 시도

했으나 실패했다. 아마추어 우주 전문가인 뉴저지 벨연구소Bell Telephone Laboratories의 아르노 A. 펜지아스Arno A. Penzias와 로버트 W. 윌슨Robert W. Wilson은 빅뱅 서곡 2막을 듣는 기쁨을 맛보았다. 1964년 두 사람은 홈델 Holmdel의 6.60미터짜리 뿔안테나를 이용하여 하늘의 모든 방향에서 세기 가 같고 온도가 섭씨 영하 270.15도로 일정한 마이크로파 복사(파장은 7.35 센티미터)를 '직접' 관찰했다. 잠재적 방해원妨害源을 모두 제거하고 나니 탐지된 장파의 등방성等方性 전파는 모든 방향에서 와서 우주를 골고루 채우고 있는 우주의 잔해, 곧 빅뱅의 잔광殘光, 우주 진통의 잔향殘響이 라는 것이 밝혀졌다.

화석화된 공룡 뼈를 연구하여 원시시대 동물의 나이를 결정하는 고 생물학자처럼 천문학자는 화석화된 복사를 소량의 X선으로 검사하기 도 하고 측정하기도 하고 그림으로 나타내기도 했다. NASA의 우주탐 측기 코베COBE가 이것에 결정적으로 관여했다. 다시 말해서 코베는 1992년에서 1996년까지 배경복사를 관측하여 흔들림과 온도차가 극히 적 은 주름을 우주의 시공 조직에서 발견했다. 전문가들이 이방성異方性이 라고 하는 이 현상을 토대로 우주의 원시 상태를 추론할 수 있고, 빅 뱅 모형의 정당성을 확보할 수 있다. 2003년 NASA의 마이크로파 관측 위성WMAP이 배경복사의 온도차를 100만 분의 1까지 정확히 계산하고 우주의 원시 상태를 정확한 360도 지도로 작성했을 때 이 결과는 옳은 것으로 입증되었다. 지금까지의 '불덩어리' 그림 중에서 가장 생생한 이 지도는 별과 은하가 아직 존재하지 않던 때, 곧 빅뱅이 일어난 지 38만 년 후의 불덩어리 '모습'을 가장 잘 보여준다.

빅뱅 이론을 뒷받침해주는 강력한 간접증거가 있다. 예를 들어 우주에서 관찰할 수 있는 빛나는 물질, 곧 별이나 성간가스(별과 별 사이의 공간 대부분을 차지하는 기체로, 수소를 주성분으로 하는 원자와 분자로 이루어져 있다―편집자 주) 또는 먼지에 존재하는 물질의 현재 중간 밀도는 빅뱅 시나리오를 강력히 뒷받침해준다. 별이 생기기 전의 헬륨, 리튬, 중수소 원소의 비율도 이것을 잘 보여준다. 무엇보다도 천문학자는 운석의 방사선 붕괴를 분석하거나 구상성단球狀星團의 발달 시기 또는 백색왜성白色矮星(밀도가 높고 흰빛을 내는 작은 항성恒星으로, 지름은 지구와 비슷하고 질량은 태양과 비슷하다―편집자주)의 냉각을 분석하여 우주 나이를 매우 정확히 결정할 수 있다. 빅뱅 후 137억 년 만에 이루어진 이 관찰 결과 우리는 우주가 137억 년 전 어느 날(과거가 없는 날) 태어났다는 것을 알 수 있다.

2장

팽창 그리고 물질의 춤

공간, 시간, 물질의 진군

우주가 플랑크 우주로 시작되었다는 가정을 받아들이면 우주가 팽창하지 않고는 현재 크기만큼 될 수가 없다. 지금 이것을 보여주는 단서는 50개도 넘는다. 그러나 유클리드 기하학으로는 그 어느 것도 확정적이고도 정확하게 예언할 수 없다.

-한스 요아힘 블로머Hans-Joachim Blome

무와 무자비한 자연법칙

우주는 무에서 존재로 성큼 걸음을 내디뎠다. 1000분의 1초의 부분의 부분 전에 '일어난' 빅뱅, 곧 빛도 없고 소리도 없는 빅뱅이 우주 연대기의 첫 페이지를 펼친 것은 이미 과거가 되었다. 빅뱅 후 0.000000000000 00000000000000000000000000001초 만에 부드러운 똑딱거림이 처음으로 우주에 울려 퍼졌기 때문이다. 이 시간의 똑딱거림은 무언가 들려주려고 한다. 측정될 수 있는 공간이나 물질은 아직 없다. 우리는 이것을 '무엇'이라고 부를 것이다. 쓰이지 않은 자연법칙의 우주 책, 곧 보이지도 않고 형태도 소리도 없이 난데없이 세상에 나타난 책 자체는 비물질적인 것이다. 이때부터 물리법칙이 말을 한다. 마이크로 초의 한 부분 전만 해도 이것은 완전히 다른 것으로 보였다. 오늘날 우리에게 알려진 자연법칙은 전혀 적용되지 않았다. 최초의 시작, 우주의 시작은 어제가 없는 날이었다.

이런 식으로 생각하고 상상하는 것은 다행히도 자신한테 달려있다. '호모사피엔스사피엔스'인 우리의 생존을 보증하는 감각기관이 다름 아닌 연속적 발달의 결과이기 때문이다. 우리 상상력으로는 과거, 현재, 미래처럼 연속되어 있는 시간 이외의 것은 생각할 수 없다. 결국 우리의 뇌는 추측할 수밖에 없는 원인을 경험의 범위 내에서 묻는 것 외에는 달리 할 수 없다. 우리의 뇌는 무에서는 아무 것도 생기지 않는다는 모토만 충실히 따른다. 이 모토에 따르면 우리의 우주가 무에서 생겨나지는 않았을 것이다. 우주가 분명히 존재하기 때문이다, 그것도 '지금 여기'에. 기괴한 이야기, 시, 소설로 현대 기술문명의 압력에서 벗어나려고 한 20세기 초의 예술가, 예컨대 다다이스트처럼 우리는 우주의 기원을 초현실주의적 방법으로 이야기한다. 그 자체로는 아무런 원인도 없는 우주의 원인에 대한 질문을 왜 해야 할까? 무한한 후퇴(결과에서 원인으로 소급하는 것을 가리킴-역자주)라는 논리학 용어가 있다. 제1원인에 대한 질문은 주어질 수도 없고, 답도 없다.

소크라테스 이전 철학의 "자연은 '하나'이다"라는 말 덕분에 오늘날 자연을 이만큼이나마 설명할 수 있다. 이 말은 얼핏 보면 아무런 의미도 없는 것 같지만 자세히 보면 많은 의미를 지니고 있다. 이 말은 정확히 무엇을 의미할까? 이 말은 물질의 기원에 대한 질문과 이 물질을 결합하는 힘의 기원에 대한 질문이 우주의 기원에 대한 질문과 불가분의 관계에 있다는 것을 의미한다. 우리가 감각이나 도구를 이용하여 이해하든 말든 간에 자연은 존재하는 '것'이기 때문이다. 자연은 '하나'이다. 예컨대 시간을 거꾸로 가게 한다든가 사람의 힘을 초월하게 한다든가 하는 것 같은 형이상학적 행복의 섬을 허용하지 않기 때문이다. 자연은 '하나'이다. 적어도 대우주에서는 초현실적인 것을 인식하지 못하기 때문이다. 아니, 자연은 '하나'를 초월한 어떤 것이라는 것이 분명하다. 137억 년 된 우주의 언제(지금, 오늘, 어제, 내일, 모레), 어디(태양계와 은하계를 멀리 벗어난 곳)에도 자연법칙이 적용되기 때문이다. 자연법칙은 보이지 않는 독재자처럼 냉정하고 강철 같은 힘으로 우주를 지배하고 물질, 시간, 공간, 모든 시대와 모든 장소의 인간에게 복종을 요구하고 결코 타협하지 않는다. 자연법칙은 자신에 대해 늘 옳을 것을 요구한다. 공상과학소설 팬이나 몽상가에게는 유감스러운 일이지만 늘 옳을 것을 요구한다.

태초의 점은 얼마나 작고, 태초의 온도는 얼마나 높을까?

우주가 팽창할 때도 자연법칙은 어김없이 적용된다. 우리가 지금 언급하는 팽창 곧 '빛보다 빠른 속도로' 팽창하는 공간조차 자연법칙을 벗어날 수 없다. 공간은 자연법칙에 따라 팽창한다. 같은 날은 없다. 오늘 팽창한 공간은 어제 공간보다 크고 내일 공간보다 작기 때문이다. 미래로 나아가느냐 과거로 회귀하느냐 하는 것은 우리 마음대로 할 수 있는 사고의 유희이다. 이 유희는 자연법칙과 충돌하지 않고 과거 어디까지 거슬러갈 수 있느냐 하는 문제를 제기한다. 답은 분명하다. 자연법칙이 시작되고 끝나는 궁극의 점은 태초의 이 특이한 점이다. 더 정확히 말하자면 빅뱅 후 10의 −43승 초(플랑크 시간)에 크기가 10의 −33승 센티미터(플랑크 길이)인 바로 그 원시 점이다. 따라서 시작이 없었던 우주의 시작은 무한히 작은 것은 아니었다.

우리는 복사와 물질로 이루어진 공간이 작아지면 온도가 올라간다는 것을 알고 있다. 공간이 작을수록 물질 입자는 서로 더 자주 충돌한다. 공간이 줄어들수록 입자의 운동 에너지가 커진다. 다시 말해서 입자의 운동이 빨라진다. 우리의 사고 실험에서 우주의 필름을 뒤로 돌려 우주가 점점 작아진다고 한번 상상해 보자. 그런 시나리오에서는 우주가 계속 더 뜨거워진다는 것을 고려해야 한다. 우리의 사고 과정에 따르면 더 작은 우주가 더 젊은 우주이기 때문에 태초의 우주는 더 작고 더 뜨거워야만 한다.

독자 여러분은 우리를 잘 따라오고 있는가? 허구의 도약, 곧 가정적 사고의 도약을 한번 해 보자. 꼼꼼히 읽어보고 그래도 안 되면 한번 더 읽어야 한다. 먼저 어느 점 또는 어느 온도까지 되돌아가야 하는지 다시 말해서 태초에는 점이 얼마나 작았고 온도가 얼마나 높았는지 한번 물어보자. 예컨대 온도가 무한히 높았을까? 이 질문에 대해서는 명확한 답이 하나 있다. 그 답은 '노'이다. 이것을 이해하려면 자연법칙이 전 우주에 보편타당하게 적용된다는 것과 에너지와 질량이 연관되어 있다는 것을 알아야 한다. 가장 유명한 물리학 공식에 따르면 에너지는 질량과 광속의 제곱이다($E=mc^2$). 온도는 열에너지의 크기이기 때문에 늘 질량과 일치한다. 원자를 구성하는 가장 가벼운 입자는 음전기를 띤 전자 곧 양전기를 띤 원자핵 주위를 도는 전자이다. 전자의 질량은 섭씨 약 50억 도의 온도와 같다. 온도가 섭씨 50억 도에 이를 만큼 우주가 작아지면 깜짝 놀랄 일, 곧 무거운 입자가 복사로 변하고 복사가 다시 입자로 변하는 일(둘 다 에너지의 형태이고, 질량은 이를테

면 흐르는 에너지이다)이 일어날 것이다. 입자는 섭씨 50억 도에서 사라진다. 원자핵을 이루는 입자, 곧 양전기를 띤 양성자와 전기적으로 중성인 중성자는 전자보다 2,000배 무겁기 때문에 섭씨 약 1조 도라는 고온에서 완전히 녹는다. 양성자와 중성자는 몇 단계를 거쳐 에너지 형태로 바뀐다. 양성자와 중성자가 또 다른 입자 곧 쿼크로 이루어지기 때문이다.

우리는 우주를 줄이고 줄여 오늘날 이 세계를 이루고 있는 모든 입자가 에너지로 바뀔 때의 크기를 추적할 수 있다. 현대 우주론 이론을 믿는다면 양성자와 중성자가 녹는 순간에 우주의 나이는 10억 분의 1초로 '무한히 작다', '무한히 작다'고 비유하는 것은 '무한히 크다'는 말과 같다. 그보다 작은 것이 얼마든지 있기 때문이다. 소립자 물리학자가 현대식 가속장치로 실험한 결과가 말해주듯이 사실은 매우 빠른 입자가 서로 충돌하면 온도가 섭씨 1,000조 도까지 올라가고, 그 결과 완전히 새로운 입자가 생겨난다. 이 입자는 현실 우주에는 존재하지 않고, 비용이 매우 많이 드는 실험 때에만 극히 짧은 동안 존재할 수 있다. 그러나 원시 우주 단계에서는 이 기묘한 입자가 물질의 구성 요소였다. 당시에는 우주 속에 있는 모든 것이 더 작고, 더 뜨거웠다. 이제 실천은 무의미해지고 이론이 시작된다. 우리는 이론적으로 우주의 크기를 적어도 10의 -33승 센티미터까지 거슬러 올라가서 추적할 수 있다. 그때 우주는 나이가 이미 10의 -43승 초이고, 시점 0으로부터 이미 매우 멀리 떨어져 있다. 이론상으로 보면 물리학적으로 가장 작은 우주는 크기가 양성자보다 20배 작고, 믿거나 말거나 간에 온도는 섭씨 10의 32승 도이다. 이제 우리는 이론적 가능성의 끝에 와 있다. 이제 좀 쉬자. 그냥 좋아하는 음악이나 들으며 긴장을 좀 풀자.

힉스장場 효과

이제 준비됐는가? 좋다. 우리가 지금 우주 발달의 어느 단계에 와 있는지 한 번 더 살펴보기로 하자. 우리에게 익숙한 물질은 아직 존재하지 않고, 우주는 거의 무의 상태로 접혀져 있다. 어떤 힘이 이 작은 우주를 공간적으로 형성하느냐는 것과 이 힘이 물질을 결합시키는 다른 힘 및 입자와 어떤 관계에 있느냐 하는 것을 이제 설명해야 한다. 그럼에도 우리가 지나칠 수 없는 문제 곧 입자는 도대체 어떻게 질량을 얻었고 왜 지나치게 무겁지 않으면서도 무거운가 하는 문제가 있다.

이것은 근본적인 문제로 우주의 가장 중요한 성질 곧 무에서 우주를 생기게 한 힘의 문제이다. 여기서 보이지 않는 신비스러운 에너지장場으로 전 우주를 꿰고 있는 무언가가 문제된다. 이 에너지장은 발견자 페터 힉스Peter Higgs(1929년생)의 이름을 따서 힉스장이라고 한다. 힉스장은 입자의 질량과 관련이 있다. 이 장 속의 각 입자가 얼마나 강하게 상호 작용하느냐에 따라서 입자는 무거워지기도 하고 가벼워지기도 하며 전기를 띠기도 하고 안 띠기도 한다. 요컨대 입자의 성질 하나하나가 전 우주에 연속적으로 퍼져 있는 복사를 그럴듯하게 설명한다.

힉스장 이론이 확실하지 않아서 전 물리학계는 스위스에서 대형 하드론 충돌기Large Hadron Collider(LHC)로 행한 전대미문의 실험 결과를 기다리

고 있다. 이 가속기는 무거운 입자를 충돌시켜 매우 높은 에너지를 발생시키는 장치이다. LHC 실험 덕분에 힉스장 이론이 옳은 것으로 입증되면 태초의 우주 모습을 해명하는 데 열쇠가 되는 어떤 입자를 증명할 수 있을 것이다. 이 실험이 성공할지 못할지는 시간이 지나야 알 수 있다. 이 모형이 증명되면 매우 작은 입자의 기본 성질이 팽창하는 우주의 발달과 매우 밀접한 관련이 있다는 것이 분명해진다. 힉스장은 우주가 원자핵보다 훨씬 작았던 시기를 이해하는 데 매우 중요한 역할을 한다. 매우 작은 입자로 된 세계를 성공적으로 설명하는 물리학이 양자역학이다. 양자역학의 핵심 내용은 모든 것이 흔들린다는 것이다. 장소든 시간이든, 운동량이든 에너지든 모든 속성은 일정한 값으로 흔들린다. 이것은 힘장場에도 적용되고, 에너지장에도 적용되고, 힉스장에도 당연히 적용된다. 물론, 있을 법한 일은 아니지만, 힉스장과 같은 에너지장이 때때로 경계를 넘어 흔들리면 두 번 되풀이되지 않는 일회적인 사건이 일어날 수 있다. 실제로 양자역학은 거의 불가능해 보이는 이 사건을 설명한다. 지금 우리가 알기로는 우주의 생성은 우주 세계사에서 단 한 번 일어난, 매우 희귀한 사건이다. 우리 우주처럼 유일무이한 것이 생성된 것은 매우 드문 일이고, 기껏 한 번 일어난 일이다. 다른 특별한 물리적 사건 곧 냉각된 물을 살펴봄으로써 거의 불가능한 이 일회적 사건이 어떻게 일어났는지 한번 알아보자.

압력과 온도가 정상일 때 섭씨 10도의 물은 액체이지만, 섭씨 0도 이하에서는 액체에서 고체로 바뀐다. 물은 언다. 이 과정을 상전이相轉移라고 한다. 간단히 요약해 보자. 섭씨 0도 하에서 물의 자연적 상태는 고체 형태의 얼음이다. 이와 달리 무균 처리된 유리그릇에 담긴 액체 상태의 물을 실험실에서 섭씨 0도 이하로 아주 천천히 냉각하면 흥미롭게도 물은 여전히 액체이다. 외부의 방해가 전혀 없는 특별한 조건 하에서는 물을 얼리지 않고도 섭씨 영하 17도까지 냉각할 수 있다. 여기에는 예컨대 어떤 소음도 물을 흔들지 못하고 어떤 먼지 입자도 시험관에 떨어지지 않는다는 전제조건이 필요하다. 아무런 방해도 받지 않고 천천히 냉각되는 물은 섭씨 0도 이하에서도 여전히 액체이다. 냉각된 물의 이 효과는 원래 불가능한 것이어서 우리의 실세계에서는 일어나지 않는다. 물은 방해원妨害源이 많은 지구에서는 온도가 섭씨 0도 이하로 떨어지자마자 앞으로도 변함없이 굳어져 얼음이 될 것이다. 실험 때는 실험실 입구에서 나직이 속삭이는 것으로도 충분하다. 냉각된 물은 매 순간 '틀린' 상태에서 '옳은' 상태로 옮겨간다. 이렇게 단계를 건너뛸 때 응집 에너지가 방출된다. 액체 상태의 물에서 비교적 자유롭게 운동하던 물분자가 물이 얼면서 결정을 이루고 그 결과 운동 에너지를 빼앗기기 때문이다. 냉각된 물에서 보는 것과 같은 도약 과정을 우주도 빅뱅 직후 경험한다. 태초에 그 불안정한 성질 때문에 틀린 상태에서 흔들리던 힉스장이 흔들려서는 안 되는 영역에서 흔들리는 바람에 미세한 흔들림이 일어났고, 이 흔들림이 모든 것을 바꾸어버렸다. 갑자기 우주는 '옳은' 상태로 돌아간다. 위의 예에서 보듯이 흐르는 냉각된 물이 뜻밖에 응집될 때처럼 힉스장이 건너뛸 때도 엄청나게 많은 에너지가 방출된다. 정말 엄청나게 많은 에너지이다. 방출된 에너지는 우주를 갈기갈기 찢을 만큼 엄청나게 많다. 우주가 팽창한다. 팽창한다는 것은 우주가 매우 빠른 속도로 커진다는 것을 말한다. 이 팽창은 빅뱅 후 약 10의 −35승에서 −30승 사이에 일어난 것이다. 이렇게 엄청나게 짧은 기간에 우주는 상상할 수 없을 만큼 곧 10의 50승 배만큼 커졌다. 이때 빛과 충분한 공간이 있었더라면(실제로는 없었다) 우주가 '광속 이상으로' 팽창한다고 위안 삼아 말할 수 있을 것이다. 어쨌든 역동적인 우주의 역사役事 중에 형태를 받아들이고 높이, 길이, 넓이 속에 새로 창조된 공간은 엄청나게 크다.

팽창은 남은 에너지를 거의 다 써버린다. 이윽고 팽창은 오늘날 천문학자들이 관찰할 수 있는 수치數値에 이를 때까지 점점 느려진다. 오늘날 천문학자들이 보는 것은 찢어지듯이 폭발한 공간의 희미한 잔조殘照이다. 물론 빅뱅과 마찬가지로 아무리 성능이 좋은 망원경으로도 팽창 중의 모습이나 팽창 전의 모습은 볼 수 없다. 그러나 이 이론 모형에 따르면 우주가 생각보다 훨씬 크다는 것은 확실하고, 우주배경복사가 매우 약하게 흔들릴 때까지 절대적으로 균질均質이라는 것과 같은 강도로 사방에 방출된다는 것도 확실하다. 천문학자는 우주 나이에 광속을 곱해서 생긴 것보다 우주가 더 크다는 것을 얼른 알아낸다.

지구를 예로 들면 이것은 일정한 거리를 떨어져야 지구가 둥글다는 것을 알 수 있는 것과 마찬가지이다. 우리가 지금 살고 있는 우주 내에서는 평평한 우주 외에는 어떤 것도 측정할 수 없다. 태초에는 극히 작았던 것이 팽창한 결과 엄청나게 커진다. 태초의 온도와 밀도(이 둘은 매우 컸을지도 모른다) 차이는 팽창 결과 거의 같아지고, 마침내 평균값 정도의 매우 작은 흔들림만 남는다. 수십억 년 후 우주배경복사의 흔들림을 밝힌 공로로 네 사람이 노벨물리학상을 두 번이나 받는다.

　공간이 폭발하듯이 확대되면서, 다시 말해 팽창하면서 물질의 질량과 성질을 규정짓는 모든 힘과 모든 자연법칙이 생겨났다. 모든 존재의 시초에 힉스장이 우주의 운명을 결정했다. 힉스장이 조금만 다르게 흔들렸어도 무가 존재하거나 은하, 별, 행성, 생명체가 없는 다른 무엇이 존재했을 것이다. 가능성이 매우 희박한 일이었지만 힉스장이 원래 수치를 넘어 흔들림으로써 팽창이 일어났고, 그 결과 우주가 완전히 바뀌었다. 공간, 물질, 생명, 지력, 의식도 바로 여기에서 생겨났다.

3장

빛과 물질의 천국

빛의 탄생 그리고 최초의 은하와 별의 탄생

태양이 빛을 꺼리면 달콤한 것은 없다.

−프리드리히 쉴러Friedrich Schiller

광속보다 빠르게 여행할 수는 없다. 그것은 바람직하지도 않다. 머리에 쓴 모자가 끊임없이 불려 날아가기 때문이다.

−우디 앨런Woody Allen

불충분한 빛

빛은 혼자서 영원히 우주를 떠돌아다닌다. 영원의 친구가 되어 늙지도 않는다. 빛은 은밀한 이중생활을 한다. 이 빛 때문에 우리는 하늘에 총총한 별의 과거만 볼 수 있고 별, 은하, 준성準星의 본 모습을 볼 수도 없고, 체험할 수도 없다.

우리 눈을 빛나게 하고 피부를 따뜻하게 해주고 엔도르핀과 비타민 D에 생기를 불어넣는 빛나는 흰 물질인 빛은 참으로 기이한 현상이다. 빛은 언제, 어떻게 관찰하느냐에 따라 파동으로 나타나기도 하고, 광자로 나타나기도 하고, 소립자로 나타나기도 한다. 사실 빛은 사치스러운 이중생활을 하고 있다. 흥미롭게도 광파로써 여행하는 광자(그 자체가 광파이기도 하다)에게는 시간이 문제되지 않는다. 특수상대성이론에 따르면 광속으로 우주를 비행할 때는 시간이 모두 멈추어 선다. 정확히 광속으로 우주를 여행하는 우주 비행사는 시간을 체험하지 못한다. 늙지도 않고, 죽지도 않는다. 그러니 제대로 살지도 못한다.

빛은 우주의 심연에서 우리에게 도달하면 완전히 다른 모습을 보여준다. 우리는 별이 총총 빛나는 하늘을 볼 때마다 까마득한 우주의 과거에 잠김으로써 별, 은하, 준성을 대할 수 있다. 별, 은하, 준성은 빛이 출발했을 때의 모습을 우리에게 보여준다. 우주를 본다는 것은 빛의 궁극적인 확대 속도에 따라 과거를 본다는 것이다. 태양 광선조차 우리 눈에 들어오는 데 7분 30초 걸린다. 다시 말해서 태양은 지구에서 초속 30만 킬로미터로 7분 30초 걸리는 거리 곧 1억 5천만 킬로미터 떨어져 있다. 태양 광선은 비록 불충분하기는 해도 모든 지식의 원천이다. 몇 년간 물질이 희박한 우주를 외롭게 여행한 끝에 지구에 도달한 광자는 정보를 잔뜩 지닌 과거의 사절이어서 자신에 대해서 뿐만 아니라 이 불가사의한 우주의 역사에 대해서도 무언가 설명해주기 때문이다.

이제 풀려났다

빛은 뜨겁다. 몹시 뜨겁다. 빅뱅 직후 빛의 온도는 섭씨 수십억 도에서 수천조 도이다. 그런 조건에서는 자유로운 전자와 양성자만 존재한다. 우주가 섭씨 3,727도로 냉각되어야 비로소 두 소립자가 결합하여 중성의 수소가 된다. 이 순간부터 광자에 충격 파트너Stosspartner가 존재한다. 수소 원자가 생성된 후 광자는 마음껏 운동할 수 있게 되었다. 빛이 막힘없이 뻗어나가 우주가 보이게 되었다. 빛이 물질에서 영원히 풀려나는 시간이 이제 존재한다. 이전에는 서로 밀접하게 결합되어 있다가 이제 서로 완전히 독립된 충격 파트너 두 개가 남아 있다. 매우 고르게 배분되고 빛나는 물질이 절대적으로 균질하게 배분되고 광자로 이루어진 빛의 욕조에서 헤엄치고 있다. 모든 물질 입자가 50억 광자에서 생겨난다.

광자는 빅뱅 메아리의 사절이고, 우주배경복사의 입자이고, 언제나 섭씨 3,000도 이상 뜨겁다. 무엇보다도 광자는 자유롭다. 물질 입자로부터 분리되어 이제부터 영원히 움직이기 때문이다. 우주 공간이 끊임없이 팽창함에 따라 입자의 밀도와 광자의 에너지는 줄어든다. 이와 동시에 우주의 온도도 떨어진다. 우주가 팽창하여 커질수록 온도는 크게 떨어진다. 물질의 복사와 인연을 끊은 후 수십만 년이 지나면 빛의 소립자 곧 광자가 보이지 않게 된다. 광자는 적외선 광자로 바뀐다.

빅뱅 후 38만 년이 지나면 우주의 절대 암흑도 끝난다. 빛과 물질은 마침내 자유를 얻는다. 그러나 모든 것이 완전히 다르게 일어났을지도 모른다. 다시 말해서 태초의 우주는 팽창하여 점점 커지고, 이와 함께 입자 간의 거리도 점점 커진다. 완벽하게 배분된 태초의 물질은 무한히 희박한 가스가 되고, 그 결과 아무 일도 일어나지 않는다. 결코 일어나지 않는다. 우주는 어두워지고 점점 더 어두워진다. 이름 없는 무수한 별의 불가사의한 빛을 두 눈으로 결코 보지 못한다.

보이지 않는 물질 연출가

그러나 우주는 이 각본대로 돌아가지 않는다. 아직 어린 우주의 몇몇 곳에서 입자가 다른 입자와 함께 더욱 조밀하고 극히 작은 구름을 형성하기 시작한다. 이때부터 우주의 유일한 연출을 맡게 될 힘, 곧 우주의 영혼이자 더욱 힘찬 손으로 우주의 안무를 맡을 중력이 작용하기 시작한다. 큰 사정거리, 곧 보편성 덕분에 중력은 모든 물질과 에너지 사이에 작용하고, 우주의 광대한 구조와 역학에 '매우 중요한' 영향을 미친다. 소립자의 힘과 전자기의 상호작용으로 중력이 별의 생성과 발달, 중성자별과 백색왜성의 안정성과 구조를 결정짓고 그럼으로써 모든 물질에 생기를 불어넣기 때문이다.

갓 태어난 우주의 역사가 진행됨에 따라 중력은 계속 '낭만적인' 모습을 보여준다. 중력은 우주의 자연법칙에 따라 하나의 전체를 이루고 있는 것을 모두 결합한다. 이전에는 알지 못했던 입자가 서로 관계를 맺는다. 예컨대 물질이 풍부한 지역에 있는 가스는 그 옆에 있는 가스에 큰 인력을 행사하여 그것을 빨아들인다. 물이 웅덩이에 모이듯 우주 속의 가스도 더 조밀한 지역에 모인다. 어떤 물질도 이제 간격이 더 좁아지지 않기 때문에 나머지 공간은 거의 비게 되고, 영원히 어둠 속에 남는다. 이 과정이 끊임없이 계속되어 팽창하는 우주는 현저하게 속이 비게 된다. 존재하는 물질은 농축되고, 전 우주에 배분되어 오늘날 은하의 첫 선구자가 된다. 밀도와 질량이 커진 가스 구름은 중력의 영향을 받아 서로 접촉한다. 지금의 지구와 달이 서로 끌어당기듯이 우주 최초의 가스 구름도 서로 끌어당긴다. 많은 가스 구름이 서로 충돌하고, 서로 회전시킨다. 각운동량角運動量(회전하는 물체의 회전 운동의 세기로, 물체의 질량과 회전 속도를 곱하고 여기에 회전축에서 떨어진 거리를 곱한 양을 말한다-편집자주)은 영향을 받지 않은 채 대부분 비어 있는 공간에 대개 그대로 보존된다. 회전하는 가스 구름은 대부분 서로 용해시킨다.

어떤 가스 구름은 매우 빨리 회전하여 거대한 가스 원반Gasscheibe으로 바뀌지만, 다른 가스 구름은 커다란 가스 구름의 중력깔때기Schwerkraft-trichter 속에 빠진다. 이런 방법으로 큰 원반은하Scheibengalaxien와 이보다 큰 타원은하가 우주의 시공 조직 속에 자리를 잡는다.

타원은하는 주로 물질의 밀도가 큰 곳에서 생긴다. 그런 곳에는 작은 은하가 많이 모여들고 다시는 빠져나가지 못하기 때문이다. 그러나 밀도가 작은 원반은하는 주로 다른 우주 섬에서 멀리 떨어져 있거나 매우 빨리 움직이는 작은 은하로 이루어진다. 은하의 춤은 듀엣으로 끝나는 경우는 드물고, 대개 군무群舞로 끝난다. 매우 큰 원반은하와 타원은하는 계속 농축되어 은하 덩어리Galaxienhaufen를 형성한다. 이때 중력이 매우 큰 힘으로 끌어당기는 작용을 한다. 중력이 끌어당기는 정도는 우주 물질의 크기를 반영한다. 보통 은하는 직경이 10만 광년이고, 어떤 은하는 직경이 수백만 광년이나 된다. 직경이 1천만 광년, 2천만 광년이 되는 은하 덩어리도 있고, 이보다 큰 것도 있다. 우주에는 질량이 더 큰 물질, 곧 은하 덩어리로 이루어지는 슈퍼 은하 덩어리Galaxiensuperhaufen가 있다. 슈퍼 은하 덩어리는 직경이 수억 광년이다. 천문학자는 질량이 엄청나게 크다는 점을 고려하여 이 '우주의 물질 섬'에 '거대한 벽'이니 '거대 중력원grosse Attraktor'이니 하는 이름을 붙였다.

그때까지 이렇다 할 물질이 없던 우주의 공간이 이제 분할된다. 물질 생성 과정에서 공간의 일반적 팽창 운동에 대항하고 이 운동에서 완전히 벗어난 섬이 생긴다. 새로 생긴 은하에서도 물질이 계속 생성된다.

최초의 물질은 고르게 배분된 가스, 곧 엷은 가스 구름 형태를 띤 가스로만 이루어진다. 이 원시 은하 내에도 중력이 작용한다. 더욱 농축된 물질은 주위에서 더 많은 물질을 빨아들인다. 끊임없이 조밀해지는 가스 구름 내에 더욱 많이 모여든 물질은 이제 어느 정도 모습을 갖춘다.

별의 탄생

완전히 새로운 성질의 물질이 이제 우주에 가득 차서 우주를 지배한다. 가스 구름에서 태양과 별이 생기고, 둘은 함께 영원의 춤을 추기 시작한다.

가스공으로 농축된 구름이 자신의 무게 때문에 터지면 농축된 가스가 얻은 에너지를 다시 방출한다. 이 과정은 가스 입자가 강하게 농축되어 원자핵이 서로 융합될 때까지 계속된다. 핵융합이 시작되어 매우 많은 에너지가 방출된다. 에너지는 빛의 형태로 가스공을 빠져나가려고 한다. 이 빛은 처음에는 에너지가 매우 많지만, 젊은 별의 표면에 이르기도 전에 그리고 우주 속으로 달아나기도 전에 별의 입자와 충돌함으로써 광자를 잃고, 에너지를 거의 다 잃는다. 별의 중심에서 일어나는 핵융합 때 방출되는 광자의 압력 덕분에 별은 매우 민감한 균형을 이룬 중력을 유지한다. 핵융합이 충분한 에너지를 방출하는 한 가스공은 작렬한다. 다시 말해서 별이 빛난다. 실제로 초기의 별은 이런 방법으로 어떤 원천에서 생기고 도처에 가물거리는 최초의 빛을 발생시킨다. 오늘날 우리가 태양 덕분에 익숙해진 것, 곧 별빛이 처음으로 우주를 관류하고, 완전한 어둠 속에 싸인 우주가 비로소 광욕光浴을 즐긴다.

빅뱅이 있은 지 약 1억 년 후, 아직 은하가 생성 중인 때에 최초의 별이 어린 우주를 비춘다. 최초의 별은 참으로 진귀한 것이지만, 전적으로 수소와 헬륨으로 이루어져 있다. 게다가 최초의 별은 거대하다. 우리 어머니별보다 훨씬 무겁고 크다. 최초의 별은 크고 질량이 매우 커서 내부에서 핵융합이 점점 빨리 진행된다. 무게가 별의 중심에 미치는 압력 때문에 수소 원자핵은 조밀하게 농축되어 수백만 년 내에 헬륨과 핵융합을 끝낸다. 이 템포는 계속 유지된다. 다시 말해서 잠시 말랐던 중심의 에너지원은 다시 별의 중력을 잠시 자유롭게 한다. 별은 줄어들고, 중심의 물질이 더욱 농축됨에 따라 더욱 뜨거워진다. 이 불덩어리 속에서 헬륨핵이 서로 융합되어 탄소, 산소, 네온 같은 원소를 생성한다. 그러나 수십만 년 지나면 강렬하게 타오르는 이 단계도 끝난다. 중심의 에너지원이 또 다시 고갈되어 별이 줄어든다. 외부 덮개가 내부 가스에 빨려들고, 진행 중인 핵융합이 다시 에너지를 방출한다. 이 에너지는 밖으로 나가고, 별은 다시 팽창한다. 여러 층에서 여러 원소가 생성된다. 중심부에서 철이 생성되면 비로소 이 과정이 멈춘다. 별은 자신이 저장해둔 에너지를 쓴다. 별의 죽음은 오로지 시간문제이다. 언젠가는 모든 것이 붕괴하고, 덮개가 다시 중심부에 빨려들어 몹시 뜨거워진다. 별은 철을 생성하기까지 에너지를 방출하는데 무거운 원소가 생성되려면 에너지가 공급되어야 한다. 거성(직경이 태양의 10~100배 되는 별)은 생애 마지막 단계에서 무겁고 안정된 원소인 금과 우란(우라늄)을 생성한다. 뜨거운 덮개는 마지막 카운트다운에 들어간다. 별이 수소를 헬륨으로 바꾸는 데 필요로 하는 핵연료가 없으면 무서운 중력 붕괴가 일어나 별은 죽음을 면할 수 없다. 붕괴와 동시에 복잡한 과정이 많이 일어난다. 마침내 별은 붕괴와 함께 폭발하여 찢어진다. 이때 별은 무거운 원소가 농축된 가스 덮개를 초속 2만 킬로미터로 우주 속으로 내던진다. 섭씨 수백만 도나 되는 별 파편에서 새 별이 생성된다. 아마도 행성을 낳는 별일 것이다. 그 중에는 생명체가 존재하는 별이 틀림없이 있을 것이다. 직경이 수백만 킬로미터이던 거성이 매우 작은 별의 시체가 된다. 이 시체는 직경이 몇 킬로미터밖에 안 되고 입자가 매우 가까이 붙어 있고 서서히 냉각된다. 천문학자는 이것을 중성자별이라고 한다.

이와 달리 태양보다 100배 큰 최초의 별은 거의 모두 직경이 100킬로미터도 안 되는 검은 작은 구멍이 됨으로써 생을 마감한다. 이 최초의 거대한 별은 죽기 전에 매우 중요한 일을 수행한다. 다시 말해서 우주에 물질이 순환되게 한다. 최초의 거대한 별은 헬륨보다 무거운 원소를 만들고, 우주에 빛을 가져다주고, 언젠가 행성이나 이와 비슷한 천체를 생기게 하는 원소를 만든다.

우리는 아직 우주 생성 역사의 사춘기를 이야기하고 있다. 우주는 끊임없이 진화하고 있다. 물질은 계속 모이고, 은하 사이의 공간은 더욱 비게 된다. 젊은 은하에서 매년 별이 수천 개 태어나고, 몇 개는 죽는다. 무거운 원소로 농축된 물질은 대부분 폭발을 통해 은하에 골고루 흩어진다.

타원은하는 별 생성 기간이 짧다. 타원은하는 가스를 한꺼번에 거의 다 써버린다. 이와 달리 원반은하는 별 생성 기간이 훨씬 길다.

약 30억 년에서 40억 년 후 은하 생성의 위대한 시대가 막을 내렸다. 우주는 진정되고, 대체로 휴식과 강화의 시대가 뒤따랐다. 물질과 이 물질에서 생긴 모든 구조물이 자리 잡았다. 때때로 은하가 서로 융합되기도 하고, 작은 은하 덩어리가 큰 은하 덩어리 속에 빨려들기도 하고, 큰 은하 덩어리가 다른 은하 덩어리와 융합되어 슈퍼 은하 덩어리가 되기도 하지만, 전체적으로 보면 물질의 상호작용이 줄어든다. 우주의 75%는 비어 있다. 우주의 4분의 3은 비로드 같은 암흑이다.

나머지 물질은 빈 공간의 벽에 가지런히 놓인 것처럼 보이고, 생성된 구조물은 코가 성긴 그물과 같다. 은하 덩어리가 특히 조밀한 곳에서는 이 그물이 은하 덩어리가 진주처럼 꿰어진 채로 팽창된 물질의 실에 결합되어 있는 매듭을 가지고 있는 것처럼 보인다. 매우 고르게 퍼져 있던 물질 복사 젤리가 미학적으로 호감을 주는, 별의 섬이라는 물질 견본이 된 것은 당연하다.

4장

실재의 가장자리에서

별난 것의 출현

젠장, 딴 놈을 더 좋아하잖아!

−장 폴 사르트르Jean Paul Sartre

여러분이 단념해 주었으면 합니다. 문제를 이해하지 못할 테니까요. 제게서
물리학을 배우는 학생들도 문제를 이해하지 못합니다. …… 제가 제대로 이
해하지 못하고 있으니까요. 그것을 이해하는 사람은 아무도 없습니다.

−리처드 P. 파인만Richard P. Feynman

거대한 우주 속의 어두운 부분

오늘 여기서 우주의 수수께끼에 매혹되는 이유를 이해하려면 모든 것이 달리 일어날 수도 있었다는 것을 분명히 알아두어야 한다. 예를 들어 블랙홀이 중심별에서 1광년만 떨어져 있었더라면 어떤 일이 일어났을까? 여러분은 어떻게 생각하는가? 답은 간단하다. 우리는 존재하지 않을 것이고, 블랙홀의 질량과 중력 때문에 행성의 궤도도 달라졌을 것이고, 태양의 위치와 운동도 달라졌을 것이다. 우리의 아름다운 행성은 모두 태양 속으로 곧장 빨려들어가거나 태양계 밖으로 내팽개쳐졌을 것이다. 그러나 우리와 행성이 존재한다는 사실 만으로도 우리는 그런 각본이 없었다는 것을 안다.

어쨌든 우리와 태양계는 가장 어두운 암흑보다 더 어두운 막연한 에너지 형태 두 개 덕분에 존재한다. 이것은 존재하지 않는 것처럼 보이고 또 최신 망원경이나 안테나를 이용해도 눈으로 절대 볼 수 없고 발견할 수 없는 것이지만, 우리는 여러분에게 이것을 보여주려고 한다. 이 두 에너지 형태가 우주 역사에 결정적인 역할을 하기 때문이다.

먼저 어두운 물질부터 보기로 하자. 이 애매한 '무엇'은 빅뱅 직후 곧이 진기한 에너지 형태가 우주에서 자기와 비슷한 것을 찾으러 승리의 진군에 나섰을 때 이미 그 이름을 우주에 남겼다. 실제 측정 결과가 보여주듯이 오늘날 우리 우주의 물질 86%가 전자기 복사를 방출하지도 않고 흡수하지도 않는 이 애매한 물질로 이루어져 있기 때문이다. 그렇다. 우주 역사와 밀접한 연관이 있는 이 어두운 그림자 세계는 우주를 지배하고, 모든 물질의 운명을 결정한다. 이 그림자 세계가 그 질량이나 중력으로 아직도 빛나고 있는 물질(태양을 말함-역자주)에 영향을 미치기 때문이다.

이처럼 신비한 이야기를 듣고 보면 보이지 않는 이 어두운 물질을 천문학자가 어떻게 찾아냈을까 하는 의문이 들 것이다. 어쨌든 우리는 이 어두운 물질을 볼 수 없다. 그렇다면 이것에 대한 지식은 어떻게 얻은 것일까? 답은 간단하다. 전혀 빛을 발하지 않는 물질이 존재한다면 빛나는 물질 곧 복사를 방출하거나 흡수하는 물질의 여러 운동을 설명할 수 있을 것이다. 천문학자는 세 가지 관찰을 토대로 이 어두운 물질을 찾아냈다. 하나는 원래 허용된 것보다 빨리 회전하는 원반은하이고, 다른 하나는 매우 뜨거운 가스에 둘러싸인 타원원반이다. 세 번째는 결코 무시할 수 없는 것으로 광선을 휘게 하고 은하를 일그러뜨리는 중력렌즈(거대한 타원 은하銀河 따위의 대질량 물질이 지닌 강한 중력 때문에 다른 천체로부터 오는 광선이 굴절되는 효과를 말한다-편집자주)이다. 이 세 가지는 하나같이 이 어두운 물질이 우주를 절대적으로 지배하는 물질 형태라는 가설을 뒷받침한다. 근거는 다음과 같다.

은하처럼 엄청나게 큰 물체가 운동을 하는 원인은 질량이 질량을 가속시킨다는 간단한 자연법칙으로 설명된다. 질량이 큰 물체가 우주에서 움직이는 것은 질량이 더 큰 다른 물체가 있기 때문이다. 달은 질량이 너무 작아서 지구를 궤도에서 벗어나게 할 수 없지만, 태양 같은 별은 그렇게 할 수 있을 것이다. 태양은 지구에서 달까지의 거리보다 훨씬 멀리 떨어져 있지만 지구보다 30만 배 무거워서 모든 행성이 자기 주위를 돌게 한다. 지구만큼 무겁거나 지구보다 무거운 천체만이 지구에 영향을 미칠 수 있다. 물론 거리도 중요한 역할을 한다. 질량이 큰 물체라도 멀리 떨어져 있으면 다른 물체에 그다지 영향을 미치지 않기 때문이다. 물체 상호간의 인력은 질량에 비례하고 거리에 반비례한다. 뉴턴 물리학은 이 어두운 물질의 작용을 이해하는 데 도움이 된다. 뉴턴의 중력법칙 덕분에 우리는 이 어두운 물질에게로 여행할 수 있다. 별이 관찰된 물질로 추정한 속도보다 빨리 움직이려면 보이지 않는 어두운 물질이 작용해야만 한다. 관찰된 운동에서 질량을 산출하는 것이 중요한데 밤하늘을 얼핏 보면 그런 측정이 불가능하다는 생각이 든다. 그러나 우리는 달의 운동과 행성의 운동을 직접 측정할 수 있다. 은하계의 별은 태양으로부터 너무 멀리 떨어져 있어서 몇 년간 관측해야 그 운동을 이해할 수 있고, 그보다 멀리 떨어진 은하의 운동은 이해할 수 없다. 그 운동을 이해하기 위해서는 납득할 만한 이론이 있어야 한다.

창의력이 풍부한 천체물리학자들이 원반은하의 빛나는 물질의 성질과도 관계있고 은하의 성질과도 관계있는 모형을 일찍이 제시했다. 천문학자들은 우주에서 가장 흔한 원소인 수소의 복사에서 은하의 회전을 이끌어낸다. 지구에서처럼 우주에서도 모든 원자는 매우 엄격히 정해진 파장을 가진 복사 다발 형태로 에너지를 방출한다. 그 결과 스펙트럼에 예리한 직선이 나타난다. 원자의 복사 스펙트럼은 실험을 통해 정확히 결정될 수 있고, 그 덕분에 각 원소의 지문指紋은 뒤바뀌지 않고 분류될 수 있다. 이제 중요한 점에 이르렀다. 다시 말해서 멀리 떨어진 은하의 복사 스펙트럼 파장은 실험실에서 얻은 측정치보다 뒤로 이동한다. 또한 복사원輻射源이 은하 쪽으로 다가가느냐 은하에서 멀어지느냐에 따라서도 이동한다. 복사원이 은하에서 멀어지면 파장이 짧은 영역의 스펙트럼선이 뒤로 이동하고, 그 결과 스펙트럼의 붉은 영역 내의 스펙트럼선 몇 개가 표류한다. 천문학자는 이것을 적색편위라고 한다. 붉은빛이 녹색 빛이나 푸른빛보다 파장이 길기 때문이다. 그러므로 은하에서 멀어지는 복사원은 적색으로 이동된 복사 스펙트럼을 보여주고, 은하 쪽으로 다가가는 복사원은 파장이 더 짧은 푸른빛으로 이동된 스펙트럼을 보여준다. 수소 원자의 스펙트럼선은 특히 쉽게 관찰된다. 적색으로 이동된 스펙트럼이나 청색으로 이동된 스펙트럼을 보고 멀리 떨어진 은하의 운동을 결정할 수 있고, 심지어는 은하 덩어리 내의 상대 운동마저 결정할 수 있다. 적색편위 원리나 청색변위 원리는 은하 내의 물체에도 응용된다. 요컨대 관찰 결과는 은하가 자신의 중심 주위를 회전한다는 해석을 허용하는 회전곡선을 가져다준다.

실제로 그런 회전곡선은 모든 원반은하에 존재한다. 그렇다면 우리 은하계 같은 원반은하에는 어떤 형태의 회전곡선을 기대할 수 있을까? 대부분의 별이 은하의 중심에 자리 잡고 있으므로 은하의 중심에서는 반경이 커질수록 회전속도가 빨라진다고 가정할 수 있을 것이다. 실제로 이 가정은 옳다. 별의 밀도와 회전속도는 은하의 중심에서 멀어질수록 감소한다. 예를 들어 후에 인류가 나타난 태양계에서는 행성의 회전속도에 따라 회전을 매우 정확히 측정할 수 있다. 태양에서 멀리 떨어져 있는 행성일수록 어머니별 주위를 더욱 천천히 돈다. 태양은 질량이 지구의 30만 배인 지배적인 물체이어서 모든 행성은 태양의 마력에 굴복하고 이 마력은 뜨거운 빛과 가차 없는 중력으로 행성을 붙들고 있다고 이해하는 것이 원리상으로 옳다. 태양에서 멀리 떨어져 있는 행성일수록 영향권 내에 다시 말해서 태양계 내에 머무르는 데 필요한 회전 에너지가 적어도 된다. 태양의 중력이 거리의 제곱에 반비례하기 때문이다.

이론적으로는 멀리 떨어져 있는 가스 구름, 곧 별의 회전속도는 거리가 멀어질수록 더욱 크게 감소해야 한다. 대부분의 질량이 중심에 자리 잡고 있기 때문이다. 그러나 관찰 결과는 어떠한가? 이론과는 완전히 다르다. 일정한 거리보다 멀어지면 회전속도는 감소하지 않고 일정해진다. 질량이 질량을 가속시킨다는 우주의 법칙을 다시 떠올려보자. 우리 은하계를 포함한 원반은하의 회전속도를 관찰한 결과에 따르면 회전 중인 은하가 가속되고 있다는 것과 보이지 않는 어떤 물질이 회전을 가속시킨다는 것이 분명해진다. 따라서 초속 수백 킬로미터라는 놀라운 회전속도를 근거로 은하에는 빛나는 별이나 가스보다 거의 열 배 더 어두운 물질이 틀림없이 존재한다고 추론할 수 있다. 이 물질은 은하를 타원 형태로 감싸고 있고, 은하를 온전히 장악하고 있다.

회전속도로 도출한, 어두운 물질의 질량은 회전속도와 무관한 몇 가지 다른 관찰 결과와 일치한다. 예를 들면 이미 언급한 것처럼 타원은하는 수백만 도의 뜨거운 가스에 둘러싸여 있다. 이 은하는 매우 느리게 회전하고, 실제로 별로만 이루어져 있다. 이 별의 질량을 하나하나 더해 보면 이제 뜨거운 가스가 은하 가까이 존재하지 않는다는 것을 알 수 있다. 빛나는 별이 존재한다는 것만으로는 설명될 수 없는 어떤 힘이 이 가스에 작용하는 것이 틀림없다. 가스는 높은 온도 때문에 오래 전에 은하계 사이의 공간으로 완전히 사라졌을 것이다. 여기에도 그 질량으로 뜨거운 가스를 은하계에 묶어두는 어두운 물질이 존재하는 것이 틀림없다. 다시 거의 1대 10인 밝은 물질 대 어두운 물질의 비율이 생긴다.

여러분은 아직 어두운 물질에 익숙하지 않을 것이다. 이 이상한 에너지를 믿지도 않을 것이다. 이 보이지 않는 물질이 야기하는 작용을 직접 관찰하는 것처럼 증명해 보여야만 믿을 것이다. 일찍이 위대한 뉴턴은 질량은 시간, 공간과 무관하게 운동한다고 했다. 뉴턴의 명제는 아인슈타인이 시간과 공간의 밀접한 연관성을 현대 천체물리학의 신성불가침한 교의로 끌어올리기까지 물리학의 교의가 되었다. 일반상대성이론에 따르면 질량은 공간을 휘게 한다. 그러나 공간의 만곡은 다시 질량의 운동에 영향을 미친다. 빛도 이 만곡을 벗어날 수 없다. 빛은 매우 민감하다. 빛은 질량이 큰 물질이 없으면 공간을 최단거리 궤도를 따라 곧게 나아간다. 빛은 곧게 나아간다. 그러나 질량이 큰 물질이 있으면 예외가 생긴다. 질량이 큰 물질은 공간을 휘게 하고, 빛도 휘게 한다. 천문학자는 중력렌즈에서 정확히 이 효과를 이용한다. 광원에서 매우

멀리 떨어진 빛이 어두운 물질로 가득 채워진 공간을 질주할 때 중력렌즈가 생긴다. 그 결과는 큰 질량 때문에 빛이 휜다는 것이다. 굽은 광선이 일그러진 모습을 하늘에 비추고 때로는 원래 광원의 모습을 두 배로까지 만들기 때문에 하늘에는 변형된 은하의 모습이 나타난다. 거꾸로 연구자는 일그러지거나 변형된 모습을 보고 질량을 결정할 수 있다. 이 방법은 어두운 물질의 질량을 결정하는 데 사용된다. 그 결과는 빛나는 물질보다 어두운 물질이 거의 열 배나 더 많다는 것과 얼핏 보면 하필 어두운 물질이 가장 조밀한 곳 곧 빛나는 물질이 은하와 은하 덩어리의 형태로 우주를 가득 채우고 있는 곳에 존재한다는 것이다. 어두운 물질과 빛나는 물질의 배분 사이에 어떤 물리적 연관성이 존재하는 것이 분명하다. 어두운 물질의 성질 두 가지를 다루기 전에 이 문제를 한 번 더 살펴보기로 하자.

어두운 물질의 입자가 어떤 방법으로든 전자기적 복사와 상호작용하지 않는다는 것과 어두운 물질이 빛을 흡수한다는 것을 우리는 알고 있다. 이 물질은 매우 무거운 입자로 이루어져 있을 것이다. 빛나는 물질과 어두운 물질이 매우 밀접하게 관련되어 있기 때문에 그렇게 설명할 수밖에 없다. 지금까지 누구도 어두운 물질이 어떤 성분으로 이루어져 있는지 알아내지 못했다. 그러나 물리학자들은 어두운 물질이 양성자보다 100배 무거울 것으로 추측한다. 어두운 물질은 우주 발달 단계 초기, 곧 온도가 매우 높을 때 생성되었을 것이다. 어두운 물질은 복사와 아무런 연관이 없기 때문에 우주 발달의 초기 단계에 다른 것들과 분리되었다. 언젠가 별, 은하, 행성, 생명체를 만들어낼, 이미 존재하는 빛나는 물질은 훨씬 늦게 분리되었다.

　이제 어두운 물질과 빛나는 물질의 배분 문제를 다루기로 하자. 어두운 물질은 우주 역사의 초기 단계에 농축 구조를 달성한다. 빛나는 물질의 작은 집적이 복사 압력 때문에 다시 분리되는 동안 어두운 물질은 끊임없이 농축되어 최초의 부분 중력장을 형성한다. 빅뱅이 일어나고 38만 년 후 빛나는 물질이 복사와 분리되었을 때 이미 완전히 발달된 어두운 물질이 존재했다. 빛나는 물질은 어두운 물질의 중력장 속에서 은하를 매우 빨리 형성했다. 어두운 물질의 강제적 농축이 없었더라면 빛나는 물질은 우주의 생애 내에 단 하나의 은하도 형성하지 못했을 것이다. 우주배경복사에서 본 것처럼 우리는 빛나는 물질의 아주 작은 밀도 변동을 근거로 이렇게 결론을 내린다. 소나기가 퍼붓는 낡은 포장도로를 생각하면 빛나는 물질의 농축을 쉽게 이해할 수 있을 것이다. 물은 포장도로의 구덩이에 모인다. 이와 똑같은 방법으로 빛나는 물질은 농축된 중력장에서 은하의 형태로 집적된다.

　우주가 뭐라고 말하기 어려운 물질로 되어 있어 참된 본질을 상상할 수는 있지만 실험실에서 분석할 수는 없다는 것에 만족하기로 하자. 이 입자는 실제로 존재할까? 이론적 모형은 실험으로 증명되어야 한다. 그러기 위해서는 큰 원형가속기로 초고온을 만들어내야 한다. 새로운 대형 입자가속기는 우리에게 바로 첫 번째 답을 줄 것이다. 어두운 물질을 연구하려는 프로그램은 있지만, 유감스럽게도 우주의 매우 어두운 또 다른 부분을 연구하려는 프로그램은 아직 없다. 우리가 아직 시작 단계에 있고 놀랍게도 아직도 전혀 감을 잡지 못하고 있기 때문이다. 여

러분은 다음 절을 건너뛰는 것이 좋을 것이다. 우리가 어두운 에너지에 대해 아는 것이 별로 없기 때문이다.

어두운 에너지

우주배경복사를 정확히 관찰한 후(1992)부터 우리는 우주가 무엇으로 이루어져 있는지 알고 있다. 우주는 물질 27%와 존재하지 않는다고 밖에 말할 수 없는 것 73%로 이루어져 있다. 지금까지 우리가 아는 바로는 이것은 복사도 아니고, 물질도 아니고, 에너지도 아니다. 이것 때문에 우주는 약 60억 년 전부터 더 빨리 팽창한다. 관찰 결과를 믿는다면 우리는 매우 멀리 떨어진 은하의 거리를 과소평가해 왔다. 이것이 무엇을 의미하는지 여러분은 곧 이해할 것이다.

더 나은 이름이 없어서 천문학에서는 이 우주의 유일한 성분을 어두운 에너지라고 한다. 물리학에서 이제 설명할 수 있는 현상인 어두운 물질과 달리 어두운 에너지는 아직까지도 풀리지 않는 수수께끼이다. 천문학자는 도대체 어떻게 어두운 에너지라는 개념을 만들어냈을까? 이 개념은 아직 합리적인 이론적 근거를 가지지 못한 가설을 또 다시 강요한다. 이것을 간단히 살펴보기로 하자. 매우 멀리 떨어진 은하계에서 일어나는 초신성의 폭발은 생각보다 밝지 않다. 우리는 이런 초신성의 밝기를 매우 정확히 측정할 수 있다. 밝기는 빛나는 물체로부터의 거리의 제곱에 반비례한다. 따라서 관찰된 밝기를 근거로 거리를 꽤 정확히 측정할 수 있다. 여러 번 측정한 결과 초신성의 거리를 과소평가해 왔다는 것을 알았다. 초신성은 생각보다 훨씬 멀리 떨어져 있다. '새로' 밝혀진 은하의 거리를 토대로 우주가 언제부터 팽창을 가속화했는지도 산출할 수 있다. 어떤 형태로든 우주의 시작 때 이미 존재한 것이 틀림없는 어떤 힘이 약 60억 년 전부터 우주를 더 빠르게 팽창하게 했다. 그것이 공간과 함께 증가한다는 것과 공간이 태초부터 존재했다는 것이 맞다면 어두운 에너지는 틀림없이 언제나 그곳에 존재했을 것이다. 그런데도 어두운 에너지는 60억 년 전부터 활발히 활동을 했다. 왜 그럴까? 한 가지 설명, 곧 그때까지는 정상적인 우주의 물질이 중력의 도움을 받아 우주의 팽창을 억제했다는 설명이 가능하다. 그러나 우주가 커질수록 물질의 밀도는 작아진다. 어두운 에너지의 밀도가 일정하다고 하면 어두운 에너지의 강도는 부피에 비례해야 한다. 다시 말해서 어두운 에너지의 중요성은 공간의 팽창과 함께 커지고, 시간과 함께 커져야 한다. 어두운 에너지는 공간과 함께 증가하고, 우주 속에서 찢어지고 늘어나 우주를 흩어버리고, 팽창을 가속화한다. 그럼으로써 어두운 에너지는 점점 강해져 수십억 년 전부터 복사 에너지와 물질을 압도해 버렸다. 우주가 크게 팽창할수록 물질의 밀도는 그만큼 작아진다. 마찬가지로 물질의 억제 효과도 일정한 어두운 에너지의 밀도가 물질의 억제를 지배하고 중력 작용을 지배할 때까지 감소한다. 이 날부터 어두운 에너지는 우주를 지배하고, 독재자처럼 행동한다. 오늘날 어두운 에너지는 이미 우주 에너지 내용물의 3분의 2 정도 곧 73%를 차지한다.

에너지와 질량이 같은 것이라는 유명한 관계를 받아들인다면 모든 에너지는 원칙적으로 질량으로 볼 수 있을 것이다. 그러나 어두운 에너지

는 그렇게 볼 수 없다. 어두운 에너지는 어떤 질량과도 결부되어 있지 않고, 따라서 우주의 팽창을 억제할 수 없다.

이 불가사의한 힘은 우주의 어떤 점에서도 같게 작용하지 않고, 수천만 광년 떨어진 매우 먼 곳에서만 효과를 발휘한다. 어두운 에너지는 우리의 일상생활에 아무런 영향도 미치지 않는다. 우주는 점점 빠르게 팽창할지 모르지만, 지구는 그것과 무관하다. 이 절을 읽고 있는 동안 여러분의 지식은 분명히 늘겠지만, 책은 말할 것도 없고 여러분이 지금 머무르고 있는 공간도 늘어나지는 않는다. 지구는 본연의 궤도에 따라 태양 주위를 돌며 어머니별에 신의를 지키고, 태양 자체는 다시 27,000광년 떨어진 은하의 중심을 돈다. 그리고 은하계도 전체적으로는 팽창하지 않는다.

시공의 함정

시공의 함정은 별의 찌꺼기이자 우주의 진공청소기이고, 동시에 물릴 줄 모르는 중력의 함정이자 우주의 일방통행로이다. 이 함정은 모든 물질의 에너지를 무자비하게 빨아들이고, 가까이 다가오는 것(빛까지도)을 닥치는 대로 삼킨다.

우리는 블랙홀 이야기를 하고 있다. 블랙홀은 오늘날 모든 사람들 입에 오르내리고 있다. 그런데도 블랙홀 뒤에, 더 정확히 말하자면 안에 무엇이 있는지 제대로 이해하고 있는 사람이 없다. 이 유령 같은 현상은 몹시 불쾌한 것이다. 심연에 둘러싸여 있고 나머지 우주와 완전히 분리되어 있고 늘 우리의 직접 관찰을 벗어나기 때문이다.

함부로 블랙홀을 다루다가는 궁지에 빠지게 마련이다. 블랙홀의 신비한 가장자리인 사상事象의 지평선을 넘어간 사람은 이미 돌아올 수 없는 여행길에 올랐다. 이 우주 진공청소기에 다가가면 소용돌이 효과Gezeiteneffekt 때문에 빨려 들어가 온 몸이 갈기갈기 찢어지는 듯이 느껴질 것이다. 이 특이한 것, 곧 공간, 시간, 물질의 모든 질과 양이 사라져버리는 블랙홀의 무한히 조밀하고 뜨거운 중심에 떨어지는 것은 심연 속으로 떨어지는 것과 같다. 사상事象의 지평선 너머에서 무슨 일이 일어나는지는 지금까지 우리에게 알려진 자연법칙으로는 알 수 없다. 밖에서는 블랙홀에서 무슨 일이 일어나는지 지각할 수 없다.

힘의 여왕, 중력의 여왕이 지배하는 블랙홀은 모든 물질에 불가사의한 종말을 가져다준다. 이 소용돌이에는 급진적인 공산주의라는 기괴한 형태가 지배한다. 모든 입자와 사물이 같은 운명을 겪고, 하나같이 미지의 힘과 법칙이라는 공球(그런 것이 있다면)이 되기 때문이다. 우리 상상력으로는 이해할 수 없는 것이 블랙홀에서는 정상적인 것으로 보인다. 다시 말해서 공간과 시간은 무한히 뜨겁고 조밀한 점 형태의 지옥에서 융합되어 무가 된다. 그러나 이것만으로는 부족하다. 많은 전문가들은 마지막 점 두 개만이 원래 나왔던 곳, 곧 우주의 시작인 빅뱅 이전에 공간도 없고 시간도 없는, 무한히 작고 조밀한 것으로 '존재했던' 곳으로 되돌아간다고 한다. 창조는 이 특이한 것에서 시작되어 바로 그 특이한 것에서 끝났을 것이다.

블랙홀이 무에서 끝날지는 모르지만 우리는 블랙홀이 무에서 생겨나지 않았다고 단언할 수 있다. 블랙홀의 탄생은 어떤 매우 큰 별의 죽음과 직접 관련이 있다. 별은 생겨났다가 비축한 에너지를 모두 소비하면 죽는다. 어떤 별도 이 운명을 피할 수 없다.

별이 자신의 중력에 굴복하려면 적어도 태양보다 20배 무거워야 한다. 초기 질량Ausgangsmasse이 그 정도 되어야 물질의 압력과 저항이 모두 극복된다. 별은 무거울수록 세차게 빨려들고, 10,000분의 1초 내에 블랙홀 안에서 변해버린다. 새로 생긴 것은 이전 것과 형태가 완전히 다르고 공통점도 없다. 이전에는 직경이 수백만 킬로미터인 별이 빛을 발했으나, 이제는 반경이 몇 킬로미터밖에 안 되는 것이 자리 잡고 있다. 내부의 입자는 원래의 성질을 다 잃어버리고 무겁기만 하다. 시간과 공간도 없어지고, 원자와 소립자도 없어진다. 별의 원래 질량은 보이지 않지만, 주위의 중력에 여전히 작용한다. 이전의 거성처럼, 거기서 생긴 블랙홀도 우주를 계속 여행하고, 다른 모든 빛나는 별과 마찬가지로 자신의 은하 중심을 돈다.

블랙홀이 공상 속의 존재가 아니고 수십억 년 전부터 여러 가지 크기의 블랙홀이 실제로 존재했다는 것은 천체물리학에서 논쟁의 여지가 없다. 그런 별의 시체는 우리 은하계에만 해도 수십만 개 존재한다. 그러나 블랙홀의 강력한 중력은 바로 주위에서만 알아차릴 수 있다. 무엇보다도 블랙홀은 쉽게 탐지될 수 있다. 이중 별 체계에서 아직 빛나는 별의 보이지 않는 동반자로서 인식되고 별을 자기 주위의 궤도에 강제하기 때문이다. 블랙홀은 나선형 궤도를 달리는 빛나는 동반자의 표면에서 가스를 빨아들인다. 가스는 매우 뜨겁고, 어두운 무無 속에 영원히 떨어지기 전에 마지막 생명의 표시로써 뢴트겐 섬광Roentgenblitz을 방출한다. 이 섬광의 밝기와 별의 공전주기를 근거로 천문학자는 블랙홀의 질량을 결정할 수 있다. 이른바 '별의' 블랙홀은 매년 태양 질량의 일부만 조금씩 삼키기 때문에 평균 질량은 태양 질량의 다섯 배에서 열 배이다. 우주적 척도에서 보면 이것은 없는 것과 마찬가지이다. 그것이 다른 천체에 미치는 영향력은 질량이 같은 별의 영향력과 같다.

이론상으로 은하는 그런 작은 블랙홀 때문에 없어질 수 있지만, 블랙홀이 태양계 가까이에 나타나지 않는 한 우리의 행성은 아무 것도 감지하지 못한다.

은하의 중심에서

블랙홀은 은하의 생성과 발달에 매우 중요한 역할을 한다. 여기서 말하는 블랙홀은 지금까지 이야기한 블랙홀, 곧 질량이 태양만하고 직경이 수 킬로미터밖에 안 되는 작은 블랙홀이 아니라 우리의 정신적 눈앞에 펼쳐진 거대한 블랙홀이다. 은하의 중심에 자리 잡고 있는 이 괴물은 이곳에서 매우 일찍 생성되었고, 태양보다 수억 배 무겁다. 블랙홀은 이전의 별 시체에서 생겼다.

원칙적으로 모든 것은 단순하다. 다시 말해서 질량은 없어지지 않고, 중력은 결코 작용을 멈추지 않는다. 은하가 생성될 때 그 중심에 매우 많은 별이 생겨나고, 이 별에서 무수한 작은 블랙홀이 발달한다. 많은 블랙홀은 서로 융합되어 무거워지고, 힘이 커진다. 자체 질량 때문에

가스에 대한 욕구가 커져 은하의 중심에는 자연히 많은 가스가 존재하게 된다. 중력이라는 이 괴물은 매년 적어도 태양 질량만큼의 가스를 빨아들인다. 그 결과 거의 모든 은하의 중심에는 질량이 태양의 수백만 배나 되는 블랙홀이 존재한다.

타원은하의 중심은 특히 인상적이다. 이곳에는 우주에서 가장 강한 빛을 발하는 준성이 있다. 태양 수십억 개의 질량으로 이루어지고 해마다 태양 열 개 질량의 가스를 '삼키는', 질량이 매우 큰 블랙홀이 준성을 움직인다. 준성은 엄청난 빛을 발하는 가스 덩어리이다. 준성은 태양보다 1조 배나 많은 에너지를 방출하지만, 우리 태양계만할 뿐이다. 정확한 관찰 결과에 따르면 빛을 발하는 이 거대한 에너지는 주위를 빙빙 도는 가스 구름에 둘러싸인 가스원반과 매우 무거운 블랙홀로 이루어진 것이 틀림없다. 원반의 중심에서 광속에 가까운 속도로 가스가 분출된다. 길이가 수십만 광년이 넘는 이 가스 강江은 안정된 복사로 인식될 수 있고, 그 원천에서 멀리 떨어진 은하 사이 어디에선가 없어진다. 이제 엄청난 밝기의 원천인 매우 특이한 것, 곧 매우 무거운 블랙홀이 문제가 된다. 블랙홀 상상도Miniaturfassung에서 보는 것처럼, 이 거대한 블랙홀은 나선 궤도 모양으로 가스를 끌어당겨서 빨아들인다. 이 가스는 뜨겁고 빛을 발하며 강한 복사를 내고 사라진다. 물질의 이 단말마의 외침은 몇 초간 지속되는 매우 밝은 뢴트겐 섬광으로 나타난다.

우리 은하계의 중심에는 중간 크기의 블랙홀이 있다. 이 블랙홀은 가스 구름과 안개구름에 싸여 있고, 별 먼지에 파묻혀 있고, 우리의 어머니행성Heimatplanet으로부터 27,000광년 떨어져 있다. 망원경으로 보아도 잘 보이지 않는다. 전파망원경이나 적외선망원경으로만 은하의 심장에 천문학적으로 접근할 수 있다. 우리에게 나타난 블랙홀의 모습은 절망적이다. 다시 말해서 빛과 고동치는 생명이 도대체 어디에 존재하느냐는 문제와 블랙홀로 우리 은하계를 얼마만큼 추측할 수 있느냐는 문제는 거의 해결이 안 된다. 무엇보다도 가스가 없다. 모든 것을 전멸시키는 거대한 질량이 온갖 형태의 물질을 사냥할 때 가스를 삼켜버렸다. 직경이 약 900만 킬로미터이고 질량이 300만 킬로그램인 태양이 행성을 거느리듯이, 은하의 중심에 있는 블랙홀은 가까이 있는 모든 별을 초속 5,000킬로미터라는 매우 빠른 속도로 강제로 빨아들인다. 은하의 중심에 있는 블랙홀은 '이제' 별로 밝지 않다. 무한한 욕구를 채워줄 가스가 가까이에도 없고, 멀리에도 없기 때문이다. 그런데도 은하의 중심에 있는 블랙홀은 어떤 물질을 자기 궤도로 끌어들여 잠시나마 자신의 욕구를 달랜다. 물질이 빈약한 우주가 태양 같은 진수성찬을 제공하는 일은 드물다. 희한하게도 "기다릴 줄 아는 사람이 모든 것을 얻는다"라는 중국 속담은 블랙홀에도 적용된다.

5장

행성의 폭발

태양계 밖 행성의 생성과 위성의 생성

태양계는 우리 은하계 가장자리에 있다. 태양계는 꽤 중요하기도 하고 전혀 중요하지 않기도 한 거대한 불꽃, 곧 태양과 그 주위를 도는 행성을 거느리고 있고, 쾌락과 고통이 존재하는 지구는 초속 1,000마일로 태양을 돌고 있다.

－토마스 만Thomas Mann

별의 전주곡

46억 년 전 은하계의 가장자리. 은하계 중심에서 약 27,000광년 떨어진 별 무리 가운데 빛을 발하는 밝고 푸른 가스공이 팽창하여 거성이 되었다. 매우 뜨거운 가스가 거대한 흐름을 이루어 초속 수백 킬로미터에서 수천 킬로미터로 그 표면에서 빠져나간다. 가스는 무대에서 사투를 벌인다. 어떤 은하도, 별도, 행성도 이 싸움에 관심을 기울이지 않지만, 여기에서 새 세대의 별이 자라난다. 그 별 가운데 평범한 것 하나를 이 별의 세 번째 위성에 사는 사람들은 태양이라고 부른다.

태양은 이 우주에 있는 무수한 별의 하나일 뿐이다. 에너지가 풍부히 저장되어 있는 한 끊임없이 불을 태우면서 빛을 발하는 가스공인 태양은 생성 역사에서 보면 3장에서 다룬 최초의 별과 속성이나 성질이 거의 같다.

새 태양은 행성, 특히 암석으로 된 작은 행성과 거대한 가스 덩어리를 자기 주위에 거느리고 있다. 이 암석으로 된 위성 하나에 물이 있고, 이 물에서 나중에 생명체가 생긴다. 이 생명체는 자기 무게와의 절망적인 싸움 끝에 푸른 초거인Ueberriese을 낳은 바로 그 원소로 이루어져 있다.

그렇다. 우리 몸을 이루고 있는 원자와 분자가 태초에 유일하게 존재했던 원소인 수소와 헬륨에서 생겨난 또 다른 별이라는 것은 틀림없는 진리이다. 우리는 하나같이 태양의 자식이고, 무수한 초신성 폭발 때 우주에 내던져진 별의 먼지를 몸에 지니고 있다.

생명을 베풀어주는 이 둥글고 빛나는 태양을 매일 보아서 그런지 우리는 이 어머니별이 언젠가 죽을 것이라고는 좀체 생각하지 않는다. 그러나 별의 죽음은 우주의 진화에 있어서 확고히 정해진 자연법칙이다. 별과 은하의 죽음은 피할 수 없는 것이고, 꼭 필요한 것이기도 하다. 우주의 심연에 있는 수십억 개의 다른 태양이 생명의 순환을 마친 후에야 우리 어머니별은 매우 조밀하고 차가운 별의 시체인 백색왜성으로 변할 것이다. 빛과 열을 베풀어주는 우리 어머니별은 다른 태양과 달리 일정 기간 생존할 것이다. 태양이 앞으로 약 80억 년간 헬륨과 핵 융합할 수소를 비축하고 있기 때문이다. 언젠가 차가운 별의 시체가 되어 몹시 차가운 우주 속으로 끌려갈 태양의 모습에 놀라서는 안 된다. 어쨌든 우리가 있든 없든 생성과 소멸의 역사는 계속된다.

유랑하는 행성의 출현

갓 태어난 우리의 아기 태양은 좋아라고 한다. 빛을 발하고 번쩍이기를 좋아한다. 처음에는 좀 서투르지만 곧 정열적으로 빛을 발한다. 태양은 원반Scheibe에 있는 별의 먼지와 가스를 빛과 가스 바람으

로 밀어낸다. 팽창하는 별이 원반의 물질에 미치는 중력과 결합한 원반의 회전은 재미있는 결과를 야기한다. 다시 말해서 별 가까이 있는 무거운 화학원소가 먼지 입자의 형태로 가스로부터 확실히 분리되는 일이 일어난다. 먼지 입자는 서로 무수히 충돌하여 크기가 몇 미터나 되고 무게가 몇 톤이나 되는 덩어리가 되고, 이 덩어리는 더 많은 먼지를 끌어당긴다. 가스가 빠져나가는 동안 젊은 별로부터 떨어져서 회전하는 원반에는 암석 파편이 더욱 커진다. 이 암석 파편은 계속 커진다. 우리는 이 원반의 표면을 본다. 별에서 멀리 떨어진 곳은 매우 질서정연하게 보이고, 가스와 먼지가 끊임없이 회전한다. 물론 표면에는 이미 크고 작은 암석 파편이 많이 형성되어 있다. 이 암석 파편은 물질을 자기한테로 끌어당기려고 애쓰고, 또 성공한다. 그 사이에 두 곳에서 가스가 아주 큰 덩어리로 농축되기 때문이다. 수백만 년이 지나면 농축된 가스는 암석과 함께 거의 가스로만 이루어진 매우 큰 물체를 낳는다. 물론 이 물체는 스스로 빛을 발하는 별만큼 크지 않다. 바로 근처에 새로운 원반이 생기고, 더 작은 암석 파편이 결정結晶을 이룬다. 요컨대 우리는 태양계의 거대한 가스 덩어리 두 개, 곧 목성과 토성 그리고 그 위성들이 어떻게 생성되었는지를 이야기하고 있다. 이제야 우리는 여러분들이 익히 알고 있는 이름을 다룬다.

암석 행성인 수성, 금성, 지구, 화성이 태양에서부터 차례로 자리 잡고 있다. 이보다 먼 곳에는 거대한 가스 행성인 목성과 토성이 있고, 그보다 더 먼 곳에는 작은 얼음 행성인 천왕성과 해왕성이 있고, 가장 먼 곳에는 크고 작은 암석 파편이 많이 있다. 최근에 천문학자는 새로운 사실을 발견하고, 그때까지 태양계에서 가장 멀리 떨어져 있고 가장 작은 행성이라는 특별한 지위를 유지하고 있던 명왕성을 '왜소행성'으로 분류했다.

'순수' 행성으로 돌아가기로 하자. 목성은 가장 크고, 다른 행성을 모두 합친 것보다 배나 무겁다. 또한 지구보다 318배 무겁고, 태양에서 지구까지의 거리보다 다섯 배나 멀리 떨어져 있다. 토성은 목성보다 먼 곳에서 태양 주위를 공전하고, 지구보다 90배 무겁다. 금성은 크기와 질량이 지구와 비슷하고, 화성은 지구 질량의 10분의 1이고, 수성은 화성보다 질량이 더 작다. 금성은 지구보다 태양에 더 가까이 있고, 화성은 지구보다 멀리 떨어져 있다. 지금까지 이루어진 행성 탐사 덕분에 암석 행성은 몇 페이지에 걸쳐 쓸 수도 있다. 그렇다. 지금 우리는 속세의 바다 깊은 곳에 있는 온갖 충동보다 태양계의 동포 행성을 더 많이 알고 있다.

암석 행성이 무수한 암석 파편이 충돌한 결과인 반면 이 거대한 가스 덩어리는 여전히 차가운 가스 원반에서 원료를 공급받는다. 말하자면 이 가스 덩어리는 바로 주위에 있는 가스를 모두 빨아들인다. 공간적으로 보면 해왕성은 토성과 천왕성 사이에서 생겼지만, 총 무게가 지구보다 약 20배에서 30배 크고 멀리 떨어져서 유랑하는 암석 파편의 운동 때문에 자기 궤도에서 이탈한다. 그래서 해왕성은 이웃 행성인 천왕성에 지속적으로 영향을 미친다. 말하자면 해왕성 때문에 천왕성이 기울어진다. 그 후부터 천왕성은 90도 기울기로 회전하고. 이에 따라 천왕성의

북극은 태양이라는 시계 주위를 돌며 빛을 받는다. 이와 달리 다른 행성은 모두 원반 평면Scheibenebene에서 조금 기울어진 축을 빙빙 돈다. 금성은 축 주위를 거꾸로 도는 유일한 행성이다. 행성의 궤도는 주목할 만하다. 궤도가 거의 모두 대체로 원형이고 매우 안정되어 있기 때문이다.

오늘날 태양계에는 승자만 존재한다. 가장 무거운 행성이 서열을 둘러싼 무자비한 싸움에서 살아남았다. 행성과 비슷한 천체 곧 태양에서 꽤 멀리 떨어져 어지럽게 돌아다니던 소행성은 태양계의 자리싸움에서 입석조차 차지하지 못하고 영원히 태양 속에 빨려들어 가거나 태양계 밖으로 쫓겨났다.

먼지 안개와 가스 안개가 성기게 되고 태양이 빛과 열을 베풀자 태양계는 서서히 윤곽을 드러낸다. 그러나 다 그렇지는 않다. 궤도를 이탈한 해왕성이 다시 바깥 태양계를 몹시 흔들고 있기 때문이다. 그 결과 많은 암석 파편이 태양계 바깥에서 안으로 밀려들어온다. 약 5억 년 후 훨씬 먼 곳에서 이제까지의 모든 질서에 반항하는 외계 유랑자가 침입하여 암석 행성의 휴지기가 갑자기 끝난다.

그 밖의 태양 자식들

태양에서 매우 멀리 떨어진 곳 곧 우리의 방랑자가 그다지 질서정연하게 있지 않는 곳은 거대한 가스 행성의 나라이다. 거대한 가스 행성 두 개 중 작은 것인 토성의 중력은 자기 주위를 도는 위성들을 직접 지배한다. 특히 토성은 크기가 수 미터나 되는 무수한 얼음 입자와 더러운 먼지 입자로 이루어진, 몹시 아름다운 고리 체계를 이루고 있다. 그러나 바깥 태양계의 실제 지배자는 목성이다. 목성은 태양 여왕 나라의 군주이다. 목성의 중력은 자신의 위성에 작용할 뿐만 아니라 목성과 화성 사이의 소유성小遊星에 붙어 다니는 크고 작은 암석 파편과 바깥에서 태양계로 밀려들어오는 암석 파편의 궤도를 지배한다. 목성은 이것들을 붙들어서 현재 위치에서 태양 주위를 돌게 한다. 목성이 별의 파편을 완전히 지배하여 다닥다닥 붙어서 돌게 하기 때문에 우리는 별의 파편을 암벽이라고 한다. 다른 침입자들은 목성의 중력을 자신을 태양계 안으로 끌어당기는 무자비한 힘으로 생각한다. 그곳에서 침입자들은 나중에 태양계 안의 암석 행성 네 개가 된 암석 파편을 만난다.

이제 시간을 건너뛴다. 그 사이에 암석 행성 네 개가 생성되었다.

암석 행성의 현재 성질을 보기로 하자. 지구는 중요한 물질 곧 생명의 생성에 매우 중요한 의미를 지닌 물을 가지고 있다는 점에서 수성, 금성, 화성과 구별된다. 다른 암석 행성에는 물을 기대할 수 없다. 수성은 매우 가까이서 태양 주위를 돌아서 순식간에 표면의 물이 모두 증발될 것이고, 두 번째 행성 금성도 온도가 섭씨 450도이고 기압이 지구보다 90배 높아서 생명체가 있을 가능성이 없을 것이다. 그러면 지구의 동생인 화성은 어떨까? 화성은 질량이 지구의 10분의 1이어서 중력도 지구보다 훨씬 작다. 지구보다 태양에서 더 멀리 떨어져 있기는 하지만 지구에 물이 흐르기 10억 년 전에 화성에는 물이 있었다. 화성의 물은 오래전에 우주공간 속으로 빠져나갔거나 완전히 얼어붙어 있을 것이다.

태양 온도에 대한 새 이론에 따르면 원래 지구에는 물이 없었을지도

모른다. 지구가 생성될 때 태양과의 거리(1억 5천만 킬로미터)가 매우 가까웠기 때문이다. 그 무렵 지구는 아직 생성 중인 원반이었다. 지구의 온도는 물을 생성하기에는 너무 높았고, 바위 덩어리는 너무 건조해서 도저히 물이 있다고 볼 수 없다. 실제로 화성과 목성 사이에 있던 암석의 물이 지구에 들어왔다. 태양에서 지구보다 두 배 멀리 떨어진 곳은 암석 파편이 차라리 얼음조각이라고 해야 할 만큼 차가웠기 때문이다. 이곳에서 나온 운석이 이 가정을 뒷받침한다. 우연히 암석 파편이 지구에 떨어진 덕분에 오늘날 지구에는 이렇게 물이 많다. 불행히도 다른 행성은 암석 행성 중에서 가장 무거운 원시 지구만큼 축복을 받지 못했다.

주목해야 할 것이 또 있다. 다시 말해서 지구는 자기 몸집에 어울리지 않게 큰 위성을 거느리고 있다. 수성과 금성은 위성이 전혀 없고, 화성은 두 개(포보스Phobos와 데이모스Deimos)를 거느리고 있지만, 소유성 벨트에 속한 암석 파편이었던 화성의 위성은 지구의 위성에 비해 매우 작다. 그렇다면 질량이 지구의 80분의 1로 지구 크기에 비해 몹시 큰 이 위성은 어떻게 생겼을까? 태양에서 멀리 떨어진 거대 위성만이 달만큼 큰 위성을 거느리고 있다.

답은 역사가 말해준다. 아폴로 우주선은 약 400킬로그램의 달 암석을 지구로 가지고 왔다. 수십 년에 걸쳐 암석을 분석할 결과 다음과 같은 결론을 얻었다. 달은 지구 외피와 거의 같은 화학원소로 이루어져 있고, 원소 비율까지 일치한다. 달의 표면 원소만 다를 뿐이다. 이것에서 다음과 같은 시나리오가 나온다. 달은 질량이 화성의 두 배이고 지구의 20%인 물체가 원시 지구와 충돌할 때 생겼다. 충돌한 물체는 매우 무거움에 틀림없다. 그 충돌이 엄청난 결과를 초래하기 때문이다. 이것은 큰 힘으로 떨어져 나간 암석 파편이 다시는 지구에 떨어지지 않는다는 사실에서 추론될 수 있다. 떨어져 나간 암석 파편은 지구에서 약 6만 킬로미터 떨어진 곳에서 고리를 형성하고, 얼마 후 달이 형성된다. 이와 달리 정체를 알 수 없는 이 행성은 떨어질 때 완전히 파괴된다. 이 행성의 굳은 얼음 핵은 완전히 용해된 지구 내부에 가라앉아 지구의 핵에 융합된다.

이 재앙에서 재미있는 결론이 나온다. 말하자면 지구와 달의 성분뿐만 아니라 지구와 충돌한 물체와 지구의 성분도 같다. 이 행성은 태양에서 우리의 푸른 행성과 같은 거리만큼 떨어진 곳에서 생성되었다. 따라서 두 천체는 생성 때에 화학원소가 같았고, 이 원소는 무게에 비례해서 두 천체에 배분되었다. 두 천체는 이중 행성 체계를 이루어 돌고 있다가 서로 충돌했다. 다행히도 정면으로 충돌하지 않고 살짝 스쳤다.

무엇이 일어나고, 무엇이 그대로 있는가? 가스 원반과 먼지 원반에서 작은 암석 파편과 큰 가스 덩어리가 생겨났다. 암석 행성은 무수히 충돌하고 가스 행성은 끊임없이 가스를 빨아들임으로써 커졌다. 어떤 것은 비교적 태양 가까이에 자리 잡았고, 또 어떤 것은 암석 행성과 멀리 떨어져 아직 젊은 태양광선이 가스 때문에 미치지 못하는 곳에 자리 잡았다. 태양 빛은 안에 있는 것을 모두 오래 전에 없애버렸고, 거대 행성의 질량과 운동은 바깥의 암석을 태양계 안으로 밀어붙였다. 거대 행성은 암석과 얼음으로 이루어졌다.

다른 모든 행성과 마찬가지로 지구도 태양계의 심연에서 온 '침입자'

와 유달리 자주 마주쳤다. 지구는 지금까지 물을 흐르는 상태로 보존하고 있는 유일한 행성이다. 지구는 완전히 새로운 것이 생기고 매우 복잡한 방법으로 완전히 새로운 물질이 생성된, 선택된 행성으로 발돋움했다. 언젠가 생명체가 발달할 물질을 가지고 있기 때문이다.

매우 멀리 떨어진 행성의 춤

태양계의 행성은 햇빛을 보지만, 태양계에서 멀리 떨어진 은하와 은하계에는 태양계의 행성 외에도 수십억 개의 행성이 있다. 1995년 겐프Genf 천문대의 스위스인 천문학자 마이클 메이어Michel Mayor와 디디에 케로즈 Didier Queloz가 태양과 비슷한 별 51페가시Pegasi 가까이에서 항성 주위를 도는 최초의 행성을 발견한 이래 연구자들은 천문대와 천체망원경을 이용하여 220개 이상의 행성 체계에 나누어져 있는, 태양계 외의 행성 270개 이상(2008년 1월 기준)을 찾아냈다. 이 행성들은 태양계의 행성과 공통되는 점이 정말 거의 없다. 말하자면 대부분 해왕성(지구 질량의 17배)이나 목성만큼 크거나 이보다 더 크고 몹시 뜨겁고(일부는 냉각되어 있다) 생명체가 살지 못하는 거대한 가스 덩어리이다. 이 행성들은 어머니별 가까이서 매우 빠르게 또는 멀리서 아주 천천히 이심성離心性 궤도를 돈다. 요컨대 제2의 지구는 말할 것도 없고, 지구를 조금이라도 닮은 태양계 밖의 행성은 없다.

그런데도 우주에는 지구를 닮은 행성이 많이 있고 그 가운데 몇 곳에는 생명체가 존재한다는 것이 확실하다. 우주의 광활한 황무지 바다에는 태양으로부터 빛과 열을 받아 생명체가 존재하는 행성이 무수히 떠돌아다니고 있다는 것은 의심할 여지가 없다. 그 곳에 사는 생명체가 의식과 지력을 가지고 있다면 매일 그 자신의 역사를 기록할 것이다. 우리의 '현실'과 마찬가지로 이것은 전체 진리의 일부만 반영하고, 누구도 내용을 다 본 적이 없고 내용이 얼마나 광범하고 누가 그것을 썼는지 알지 못하는 우주라는 백과사전의 극히 작은 일부분만 보여줄 뿐이다.

6장

지구의 탄생

원시 지구

우주에다 대고 화를 내는 것은 어리석은 짓이다. 우주는 그런 데 신경 쓰지 않는다.

−마르쿠스 아우렐리우스Mark Aurelius

시간은 인생이라는 요리에서 가장 중요한 조미료이다.

−하인츠 하버Heinz Haber

외계에서의 침입

보통 크기의 태양을 가진 보통 크기의 태양계 속의 보통 크기의 은하계 가장자리에서 지구가 생겼다는 것은 천문학적 관점에서 보면 특별한 일이 아니다. 태양이 자식을 내보내는 것은 '정말' 평범한 일로 우주 도처에서 볼 수 있다. 태양의 모태에서 태어난 행성 여덟 개는 자기 길을 간다. 행성은 어머니별이 우세한 중력으로 미리 정해놓은 궤도에 붙잡혀 있을 뿐이다.

태양에서 보아 세 번째 행성인 지구는 숙명적으로 태양의 중력에 매어 있다. 우리는 지구라는 천체가 훗날 언젠가 푸른 보석처럼 빛날 것이라고는 꿈에도 생각하지 못한다. 매우 짙은 안개에 싸여 있던 지구가 매우 두꺼운 구름 융단 속에 태초의 얼굴 모습을 숨기고 있었기 때문이다. 구름에 가린 지구의 모습은 유령 같기도 하고, 지옥 같기도 하다. 지구 표면이 완전히 용해되어 물이 하나도 없을 때 암석 덩어리와 수증기가 끊임없이 지구 내부에서 빠져나간다. 어린 우리 행성의 표면 여기저기가 냉각되어 딱딱하게 굳어지기는 했지만, 속은 계속 갈라지면서 액체 상태의 마그마를 끊임없이 뿜어낸다. 대기는 지구라는 불공을 빠져나오기는 했지만 우주 속으로 달아나지 못한 가스로 가득 차 있다. 지구는 대기를 발톱으로 꽉 움켜쥐고 있고, 위로 달아나려는 가스를 붙잡고 있다.

지구 내부는 뜨겁다. 매우 뜨겁다. 암석을 깡그리 녹일 만큼 상상할 수 없이 뜨거운 불덩어리는 행성이 생성될 때 태양계에서 지구에 쏟아져 내린 암석 파편 때문에 생겼다. 쏟아져 내리는 암석 파편의 엄청난 운동 에너지는 충돌 때 열로 바뀐다. 암석 파편의 물결이 빠져나가고 난 후 용해된 얼음 조각이 지구 중력의 영향을 받아 지구 표면에 하나로 통합되기 시작하여 마침내 굉장히 커진다. 이 덩어리는 주위 물질보다 훨씬 조밀하기 때문에 지구 중심에로 가라앉는다. 주위의 더 가벼운 광물이 매우 뜨거운 액체 상태여서 위쪽 표면으로 내몰리기 때문에 덩어리는 더욱 빨리 가라앉는다. 금속으로 된 지구 핵은 얼음의 용해, 혼합, 침강을 통해서 비교적 빨리 형성된다.

이제 의식적으로 시점을 바꾸기로 하자. 46억 년 전 행성이 생긴 직후, 그리고 지구가 생긴 지 1억 년 후 원소의 밀어내기 경쟁은 원래 훨씬 동질적이던 암석 물체를 금속성 핵과 암석 표면을 가진, 화학적으로 다른 행성으로 바꾸어버렸다. 이 광범한 재편 과정에서 지구 전체를 녹이고 암석을 순환시킬 만큼 엄청난 에너지가 생긴다. 지질학자들은 어린 지구가 겪은 이 인상적인 과정을 '철의 재앙Eisenkatastrophe'이라고 한다.

지구 내부에는 또 다른 에너지원인 방사능이 있다. 원자의 붕괴는 핵 에너지를 방출하고, 이 에너지는 열로 바뀐다. 특히 우란과 토륨(방사성

금속 원소의 하나로, 진한 회색의 무거운 금속이다. 공기 중에서 가열하면 산화물이 되고 고온에서는 염소·수소·질소 따위와 화합한다─편집자주)의 붕괴는 지구 표면을 더욱 가열한다, 그것도 45억 년 넘게.

마음의 눈으로 원시 지구의 모습을 한번 상상해 보라. 어린 지구의 바닥은 끊임없이 끓어오르고, 암석의 구성과 상태는 생성된 날부터 끊임없이 변한다. 지구 내부 여기저기에서 마그마가 솟아나 표면을 뚫고 올라와 냉각되고 풍화되고 붕괴된다. 그리고 수천만 년 후에는 마침내 강에서 바다로 운반되어 대양 밑바닥에 퇴적된다. 끊임없이 흐르는 열의 강은 안에서 밖으로 지표를 가열하고, 용해된 암석 덩어리를 표면으로 계속 밀어낸다. 암석 덩어리의 일부는 냉각되어 굳어지고, 일부는 솟아오르는 물질에 떠밀려 다시 심연의 불구덩이로 가라앉는다. 끝없는 듯이 보이는 이 과정을 거쳐 암석은 고유의 밀도에 따라 층을 이룬다. 가벼운 원소는 지구 표면에 몰리고 철, 니켈처럼 무거운 원소는 지구 핵으로 모인다. 지구 핵의 결정화 과정은 끊임없이 계속된다. 이런 순환은, 예컨대 지옥을 상상해 보라. 엄청난 증발과 관련이 있다. 가스는 밖으로 빠져나가고 수증기, 이산화탄소, 질소는 대기에 모인다. 나트륨, 칼슘, 염소처럼 화학적으로 매우 공격적인 원소는 표면에 나타난다. 아니, 태고에는 공격적이지 않은 것이 없었다. 모든 것이 기화되고 액화되고 다시 경화된다.

같은 놀이 곧 순환, 용해, 기화, 냉각, 경화가 4억 년 동안 되풀이된다. 이제 떠도는 암석 파편이 충돌하지 않기 때문에 원시 지구는 점차 진정된다. 지구 표면은 굳어지고 점점 더 냉각된다. 그러나 3억 년 후

갑자기 이 순환을 중단시키는 일이 일어난다. 말하자면 해왕성이 원래 궤도를 이탈한다. 그 결과 다시 지구 표면에 엄청난 충격이 가해진다. 태양계 가장자리에 있는 무수한 암석 파편이 맹렬하게 원시 지구와 충돌해 표면에 구멍을 낸다. 달은 이 두 번째 충돌 물결의 주요 증인이다. 달도 암석 세례를 받는다. 달의 어둡고 평평한 면, 곧 바다는 용암이 가득 찬 분지로써 태고에 우주의 암석 공격을 받은 흉터이다. 달에는 이 흉터가 지금도 남아 있다.

태양계가 다시 평온해진 후 달에는 1969년 7월 21일까지 흥미로운 일이 일어나지 않았다. 닐 암스트롱Neil Armstrong과 에드윈 올드린Edwin Aldrin이 지구를 떠나 달에 착륙하여 발자국을 영원히 남겼다. 달이 화석이 된 흉터를 보존하고 있는 반면에 40억 년 된 지구의 분화구는 표면이 끊임없이 침식되어 완전히 사라져버렸다. 깔때기 모양으로 깊이 파인 이 분화구는 완전히 묻혀버렸다.

이제 외계의 큰 침입은 다 지나갔다. 그 후로 가끔 암석 파편이 지구에 떨어졌으나 다시는 그다지 중대한 영향을 미치지 못했다. 더는 별의 큰 공격이 없다. 태양계는 안정되었다. 비로소 태양계는 아무런 방해를 받지 않고 발전한다. 젊은 행성이 어머니별 주위를 돌고, 앞으로 10억 년간은 어떤 외부의 방해도 받지 않을 것이다. 다른 어떤 별도 중력으로 행성의 궤도에 영향을 미칠 만큼 태양과 행성 가까이 오지 않는다. 이와 달리 지구와 달은 상당히 가까이 있다. 지구와 달이 서로 끌어당기기 때문에 지구의 회전 속도는 느려진다. 처음에 어린 지구가 자신의 축을 한 번 회전하는 데 6~7시간 걸렸으나 나중에는 거의 24시간이 걸린다.

우리 푸른 행성의 독특한 모습이 어떻게 생성되었는지 살펴보기로 하자. 구약성경의 창조 기록에 따르면 지구와 그 위, 아래의 모든 것은 7일 만에 창조되었다. 물론 지질학자는 대개 성경에 나오는 하나님이 이 거창한 세계를 창조하는 데 분명히 시간이 훨씬 더 많이 걸렸을 것으로 보고 있다. 그럼에도 지질학적 척도에서 보면 지구의 창조는 꽤 급히 이루어졌다. 따라서 저자인 우리와 독자인 여러분은 이 복잡한 사건을 개관할 필요가 있다. 지구 생성 이야기를 자세히 하다가는 중요한 맥락을 놓치기 십상이다. 이미 초기 단계에 모든 것이 서로 불가피하게 연관되어 있다. 텍스트에는 말이 꼬리에 꼬리를 물고 있어 우리도 여기서 부득이 연출상 분류를 해야 한다. 지금도 많은 것이 여전히 그 심연에 감추어져 있어 수수께끼 같은 바다부터 살펴보기로 하자.

바다의 세계

지구의 약 4분의 3이 물로 이루어져 있다는 것 곧 지구 표면의 약 4분의 3이 물로 덮여 있다는 것은 우연일까? 물론 그렇지 않다. 물이 없으면 우리가 살 수 없고, 물이 없으면 최초의 아미노산이 형성되지 않아 생명체가 나타날 수 없기 때문이다. 오늘날에는 물이 점점 부족해지고 있지만 40억 년 전에는 상상할 수 없을 만큼 물이 많았다. 처음에는 원시 대기의 빽빽한 구름 속에서 수증기의 형태로, 나중에는 하늘에서 엄청나게 쏟아져 내리는 비의 형태로 존재했다. 이 비는 단순한 장마가 아니라 햇빛이 뚫고 들어가지 못할 만큼 두꺼운 구름층에서 밑도 끝도 없이 퍼붓는 대홍수였다. 역사에 기록된 가장 많은 몬순 강우량보다 열 배 많은 강우량을 상상해 보라. 당시 지구를 열, 수증기, 비가 습기의 영원한 순환을 보증하는 거대한 온실로 보아도 좋다. 말하자면 비는 아직 매우 뜨거운 지구 표면에 떨어지자마자 증발한다. 이 수증기는 대기에서 모여 또 구름을 형성하고, 쉴 새 없이 새 구름 단층을 형성한다. 오늘날 계산에 따르면 거의 4만 년간 계속 비가 내렸다, 아니 퍼부었다. 제곱미터 당 매일 3,000리터의 비가 퍼부었다. 노아의 방주를 만들 틈도 없었을 것이다.

그러나 어느 날 하늘이 개이더니 적어도 일시나마 여기저기서 비가 그친다. 장마 덕분에 지구 표면이 비로소 물이 고일만큼 냉각된다. 처음에 개울이 생기고, 그 다음에 강이 생기고, 마침내 바다와 대양이 생긴다. 우리가 아는 바와 같은 물의 순환이 시작된다. 다시 말해서 비가 내리고, 내린 빗물이 땅에 고이고, 땅에 고인 물이 샘이 되어 솟는다. 샘물은 개울이 되고, 개울은 강에 합류하고, 강은 다시 바다로 흘러간다. 거대한 대양 표면의 일부가 증발하고, 다시 비가 내린다. 이 과정이 끊임없이 되풀이된다. 그런데 왜 하필 오늘날 바다는 소금물이 되었을까? 그 이유를 알려면 최초의 비가 내린 대기를 더욱 엄밀하게 관찰해야 한다. 대기는 수증기, 질소, 특히 이산화탄소로 이루어져 있다. 비는 이산화탄소를 대기에서 흘러 내보낸다. 이산화탄소는 지구 표면의 화산 활동으로 생긴 원소에 반응하고, 탄산 암석과 결합하고, 물에서는 나트륨과 결합하여 탄산나트륨으로 바뀐다. 어린 바다는 염기성을 띤 탄산 바다이다. 바다의 pH値는 10~12로 매우 높다. 엄청난 양의 탄산이 염화칼슘에 반응하여 탄산칼슘과 엄청난 양의 식염을 생성한다. 지구 역사의 첫 20억 년이 지나면서 알칼리성 탄산 바다가 중성 식염 바다로 바뀐다. 많은 아이들이 "도대체 어떻게 바다에 소금이 있을까?" 하고 한번 쯤 심각하게 묻는다. 여러분은 이제 답을 몰라서 쩔쩔매지 않아도 된다.

생성된 탄산은 물에서 빠져나가 탄산 덩어리가 된다. 쉽게 말하자면 갑각류의 껍데기에 흡수된다.

이제 어떻게 해서 엄청난 양의 이산화탄소가 원시 대기에서 없어지고 지구 깊은 곳에 있게 되었는지 살펴보기로 하자. 지속적 '강우'가 없었다면 원시 지구 대기에 그렇게 많았던 이산화탄소는 그대로 있었을 것이고, 따라서 중요한 결과를 초래했을 것이다. 유감스럽게도 지금도 그렇지만 태고의 이산화탄소는 온실효과의 주범이기 때문에 이산화탄소가 원시 지구 대기에 많이 있었다면 생명체는 생겨나지 않았을 것이다. 지구는 이산화탄소가 약 10만 배 더 많은 이웃 행성인 금성처럼 온도가 굉장히 높아졌을 것이다. 지구에서 멀리 떨어진 금성에는 비가 오지 않았고, 엄청난 양의 이산화탄소가 엄청난 온실효과를 일으켜 금성의 표면 온도는 섭씨 450도이다.

바다, 대기, 대륙 간에 물질과 에너지가 이동한다는 사실을 통해 우리는 공기 중의 물질이 물에 용해되고 화학반응을 일으킴으로써 결국 해저 퇴적물이 된다고 짐작할 수 있다. 바다 밑바닥은 움직인다. 솟아올랐다가 다시 깊이 가라앉는다. 이런 방법으로 공기 중의 원자와 분자가 지각地殼 깊은 곳에 이른다.

암석의 역사

이제 암석과 그 역사를 보기로 하자. 암석은 어떻게 생성되었을까? 최초의 순수한 돌은 잘 섞이고 잘 녹고 늘 새로 조성되기 때문에 지구의 첫 6억 년 동안은 암석의 흔적이 발견되지 않는다. 그러나 나중에 생성된 최초의 대륙은 작렬하는 표면이 여기저기서 냉각되고 굳으면서 매우 빨리 형성되었음에 틀림없다. 마그마로 된 암석에 있는 극소량의 광물인 지르콘Zirkon은 두 번째 폭격이 있기 직전에 이미 지구 표면에 존재했다. 지르콘은 대륙의 화강암에만 존재하고, 해저에서 생성된 현무암에는 존재하지 않는다. 최초의 원시 대륙은 지구가 생성된 지 3억 년 후에 이미 형성되었음에 틀림없다. 더 오래 된 암석을 발견할 수 있을 것 같지는 않다. 운석의 폭격으로 최초의 지구 표면이 파괴되었기 때문이다.

이제 지구 역사에서 가장 긴 시대인 선캄브리아기로 들어가 보자. 약 40억 년간 지속된 선캄브리아기는 지구 역사의 약 90%를 차지한다. 엄청나게 긴 이 시대에 지질학적으로나 화학적으로 많은 일이 일어났다는 것은 확실하지만, 증거가 될 만한 것은 별로 없다. 지구 역사 전체를 1년으로 잡으면 이 암흑시대는 1월 1일에서 11월 15일까지에 해당한다. 이 시대가 지나야 비로소 어느 정도 접근할 수 있는 시대 곧 뚜렷한 증거가 남아 있는 시대가 시작되고, 대륙의 역사, 퇴적물의 역사, 생명의 역사가 말을 한다. 암석으로 초기 지구 역사에 대해 무언가를 알아내는 것은 매우 중요하다. 다행히 물리학의 도움을 받을 수 있다. 원자는 거짓말을 하지 않기 때문이다. 특정 원자의 성질이 특수하다는 사실을 이용하여 지구물리학자는 암석 나이를 결정한다. 방사능 붕괴가 좋은 예이다. 방사능은 일정한 순서에 따라 붕괴하기 때문이다. 따라서 지구 표면을 정확히 분석하면 암석 나이를 꽤 정확히 알아낼 수 있다. 그 결과 다음과 같은 대륙의 모습이 생긴다. 다시 말해서 최초의 대륙은 지구가 생긴 지 약 3억 년 후에 나타난다. 대륙은 14억 년 동안 자라서 이른바 크라톤Kratonen이 형성되고, 그 후 끊임없이 변한다. 여기저기에 자리를 잡는가 하면 어떤 곳에서는 일부가 다시 지구 내부로 사라진다. 암석의 환류운동은 지구 표면을 변화시키고 발전시킨다. 대륙 표면의 3분의 2가 선캄브리아기에 형성된다. 이 과정은 간헐적으로 일어나고, 약 40억 년 후에 비로소 끝난다. 후에 해저의 긴 암초 산맥에서 땅 덩어리가 새로 솟아올라 대륙판을 밀어내기도 하고, 다시 가라앉기도 한다. 해저는 지구사적으로 보면 아직 매우 젊다. 해저에는 2억 년 이상 된 암석이 없다. 땅속에서 대륙판이 맞물리면 대륙 표면이 새로 형성된다. 대륙의 중심부는 이런 방법으로 찢겨나가서 이미 존재하는 표면 부분과 연결된다. 뜨거운 지하에서 대륙판이 춤춤에 따라 지구는 끊임없이 변형되고, 그에따라 지구의 얼굴도 끊임없이 변한다.

지구 역사의 첫 5억 년을 대충 알고 있는 독자라면 다음 절을 건너뛰어도 좋다. 그렇지 못한 독자를 위해 다음과 같이 요약한다. 지속적인 정출晶出 과정에 있는 지구 핵은 모든 것을 가열하고, 끊임없이 암석을 순환하게 한다. 뜨거운 물질이 표면으로 올라가서 냉각되고 굳어진다. 이 작은 땅덩어리가 큰 대륙이 된다. 최초의 대륙 암석판은 원시 바다에 둘러싸여 있고, 바닥이 끊임없이 생성됨에 따라 새 물질이 위로 올라온다. 대양의 지각도 이런 방법으로 생성된다. 갈라진 틈에서 솟아난 암석 물질은 금방 굳어진다. 여기서 말하는 대륙판은 줄기찬 열 이동과 암석 이동으로 흔들리는, 우리 발밑의 땅바닥이 아니다. 대륙판은 서로 떨어지기도 하고, 서로 밀치기도 하고, 거대한 땅덩어리를 밀어 올려 산맥을 만들기도 하고, 아예 지구 표면에서 사라지게도 한다. 지금까지는 다 좋다.

자유로워진 산소

대륙과 해저는 아직 어린 지구의 일부에 지나지 않는다. 서로 밀쳐내기도 하고 함께 솟아오르기도 하는 대륙판과 암석의 강 위에는 대기라는 공기 바다가 있다. 아직 어린 지구의 대기는 어떻게 되어 있을까? 산소는 전혀 없고, 질소도 별로 없다. 수증기와 엄청난 양의 이산화탄소가 있다. 대륙이 형성되는 사이에 바다가 생명의 원천이 된 것은 분명하다. 어쨌든 탄소를 함유한 어떤 분자가 더욱 분화된 형태와 구조로 발전했고, 이것이 언젠가 자신을 재생산했다. 처음으로 바다에 생명체가 헤엄쳤을 때 경계가 허물어졌다. 다시 말해서 죽은 물질이 생명이 있는 존재로 바뀌었다.

생명은 거의 10억 년 걸려서 궁극적 에너지원을 얻어냈다. 당糖 분자 속에서 광합성을 통해 변한 햇빛과 자유로워진 산소는 지구와 그 대기를 영원히 바꾸어놓았다. 최초의 단세포생물이 물속에서 방출한 산소는 처음에는 산화된 암석을 형성하는 데 다 소비되었다. 그 결과 이른바 규소硅素를 함유한 줄무늬 철광석이 생성되었다. 이 철광석의 성분을 분석해 보면 이 철광석이 비교적 대륙에 가까운 물속에서 생성되었다고 추론할 수 있다.

이제 지구는 약 10억 살이 되었다. 앞에서 설명한 지질학적 과정과 다른 방법으로 그 후 20억 년간 형성된 암석은 초기 지구의 산소와 관련이 있다. 줄무늬 철광석은 가장 오래 된 암석이고, 지구 역사에서 이런 특별한 암석은 다시 생성되지 않는다. 이 줄무늬는 철광석과 각암角巖이 교대로 층을 이룬 결과 생긴 것이다. 해저의 철이 모두 산화되고 더는 줄무늬 철광석이 생성되지 않게 되어 산소가 자유롭게 공중으로 빠져나가게 된 것은 우리 대기에 매우 중요한 의미를 갖는다. 이제 숨을 쉬게 되었다.

여기까지 잘 따라 온 것으로 보지만, 한 번 더 확인하는 의미에서 초기 지구의 변화와 발전 역사를 몇 문장으로 요약하기로 한다. 지구의 얼굴이 만들어지는 사이에 오늘날 모든 생명체에 없어서는 안 되는 대기에 변화가 일어난다. 초기의 대기는 대개 수소와 헬륨으로 이루어져 있었으나, 이 상태는 용해된 지구 때문에 오래 지속되지 못한다. 마침내 지구는 이산화탄소, 메탄, 수증기, 질소를 내부에서 방출하여 대기를 처음으로 안정시킨다. 비가 오기 시작하고, 물이 지구에 떨어져 대양을 이루고 엄청난 양의 암석 속 이산화탄소를 씻어낸다.

큰 변화가 일어난다. 엄청난 양의 이산화탄소가 대기에서 사라짐으로써 하마터면 지구가 얼어붙을 만큼 온실효과가 크게 약화된다.

이렇게 된 데에는 열을 충분히 생산하지 못하는 젊은 태양에 책임이 있다.

10억 년 후 같은 편 선수와 상대편 선수를 포함한 무수한 경기자가 앉을 무대가 만들어졌다. 다음 막의 커튼이 열린다. 생명체가 나타난다.

7장

시작

원시 수프에서 단세포생물까지

지구가 엄격히 중력의 법칙에 따라 궤도를 계속 돌고 간단한 시작에서 매우 아름답고 경이로운 형태를 발전시켜 왔고 또 끊임없이 발전시키고 있다는 것은 놀라운 사실이다.

—찰스 다윈Charles Darwin

하나님이 세상을 이렇게 만들지 않았더라면 좋은 기회를 놓쳤을 것이다.

—스탠리 밀러Stanley Miller

원시 수프로의 여행

닭이 먼저냐, 달걀이 먼저냐? 어느 것이 먼저 존재했을까? 어느 것이 다른 것에서 생겼을까? 여러분은 대답할 수 없을 것 같은 이 질문에 케케묵었으면서도 논리적인 설명을 할 수 있다는 것을 알았을 것이다. 사람들은 왜 우리 말을 믿지 않을까? 이제 이 질문에 책임이 있는 조상을 자세히 소개할 때가 되었다.

진화 과정에서 보면 닭과 달걀에 앞서는 선구자가 있었다. 이 선구자는 닭과 달걀의 공동 조상이면서 발달 계통상 닭의 합법적인 선구자인 생명체이었다. 논리적으로 보면 이 생명체는 분명히 알에서 생겼을 것이다. 그러면 이 생명체의 조상은 무엇일까 하는 질문이 저절로 나온다. 이 문답 놀이는 계속 될 수도 있고, 무수한 세대를 거슬러 올라가 추적될 수도 있다. 이 질문을 철저히 밀어붙이면 마침내 생물적 존재의 출발점에 이르게 된다. 이제 여러분과 함께 이것을 자세히 살펴보려고 한다. 그러려면 여러분은 상상의 날개를 맘껏 펼쳐야 한다. 자, 여행을 떠날 마음의 준비가 되었는가? 여행하는 동안 여러분은 새로운 경험을 하게 될 것이다.

여행 목표를 확실히 정하고 출발 준비를 갖춘 채 우리가 여러분을 위해 특별히 만들어 갖다 놓은 우주선 모양의 타임머신을 상상해보라. 마음의 눈앞에 이것이 보이는가? 미래의 모습이 보이는가? 보인다고? 좋다. 어서 자리에 앉되 사랑하는 사람과 친척에게 곧 있을 여행 이야기를 해줄 생각은 안 하는 것이 좋다. 무척 조심하지 않으면 돌아오지 못할 여행이 될지도 모르니까. 자, 의심을 툴툴 떨쳐버리고 광속보다 빠르게 과거 속으로 날아갈 타임캡슐에 기쁜 마음으로 같이 올라타자. 안전벨트는 맸는가? 잠깐. 목표를 한 번 더 점검한다. 여행 목적지는 원시 지구이고, 시간 목표는 38억 년 전이다. 모든 것이 순조롭다. 자, 눈 감고 출발!

무엇보다도 어린 지구의 원시 대기에 들어갈 때 특히 조심해야 한다. 드디어 생물학적 생명체와는 거의 무관한 세계에 가까이 왔다. 우리는 매우 특이하게 생긴 구름 융단 위를 날아 지나간다. 거품이 빽빽하게 솟아오르는 끈적끈적한 죽이 생각난다. 이 구름은 오늘날 우리가 잘 아는 구름과는 아무 관련이 없다. 햇빛만이 원시 지구의 얼굴을 완전히 뒤덮고 있는 질소, 메탄, 탄화수소로 이루어진 안개를 통과할 수 있다. 이 흐릿한 베일 밑은 어떻게 되어 있을까? 우리는 멀리서 운석 몇 개가 떨어지는 것을 보고 이것이야말로 우주의 천체들이 아직도 생성 중인 원시 대기를 이미 여러 번 뚫고 들어간 증거가 아닐까 하고 생각한다. 광센서 기록을 분석해 보면 강렬한 자외선은 여과되지 않은 채 내리퍼붓지만, 백색광선은 그렇지 않다. 하강하는 캡슐이 폭풍우 같은 바람에 크게 흔들린다. 뜨거운 땅에 착륙을 감행하니 천둥과 번개를 동반한 비가 그칠 줄 모르고 세차게 내리 퍼붓고 있다. 밑을 내려다보니 좋은 것은 하나도 없으리라는 예감이 든다. 물, 온통 물뿐이고 연결된 큰 땅덩어리는 거의 없다. 아무리 봐도 큰 대륙은 보이지 않는다. 보이는 것이라고는 작은 땅덩어리뿐이다. 지구 내부에서 표면을 뚫고 올라온 용해된 암석이 땅덩어리 위 여기저기에 흐르고, 냉각되어 굳어진다. 수평선을 보니 화산이 연기를 내뿜고 있다. 화산은 쉬고 있는 듯이 보이나 사실은 다음 불꽃을 피우려고 힘을 모으고 있다. 활동 중인 화산도 있다. 열린 밸브에서 용암뿐만 아니라 황화수소, 염화수소, 불화수소 같은 치명적인 산과 메탄, 암모니아 등과 같은 가스를 내뿜고 있다. 우리는 탐지기로 공기의 성분 곧 메탄, 암모니아, 수소, 수증기, 이산화탄소를 분석한다. 이곳은 아름다운 곳이 아니다. 산소가 없다니. 우리는 좋든 싫든 보호복을 껴입어야 한다. 과연 이곳이, 어느 사전에나 나와 있는 것처럼, 곧 생명체가 생성될 행성일까?

내려서 행동에 들어가기 전에 한 번 더 지난 8억 년을 차례로 더듬어 보기로 하자. 하데스대代(시생대 이전의 시기를 말함-역자주)에는 지질학적, 화학적 변화가 많이 일어나 생명체를 위한 물질이 마련된다. 이 시기에 땅속에서 솟아오른 용암이 굳어져 지각이 형성되고, 땅 표면이 단단해진다. 홍수처럼 쏟아지는 비로 바다가 생성되고, 지구 내부에는 철과 니켈로 이루어진 단단한 핵이 형성된다. 드디어 지구는 해로운 태양 입자의 일부를 차단하는 데 꼭 필요한 자기장을 형성한다.

최초의 생명체는 에너지원이 풍부한 환경에서 생성된다. 운석의 충돌, 태양의 자외선, 태양풍의 빠른 입자 같은 우주 차원의 환경이 먼저 마련된다. 그 다음에 굉장한 화산 폭발, 지속적인 뇌우, 끊임없는 폭우 같은 지구 차원의 환경이 마련된다. 지구 안에서는 맨틀의 열이 물질을 위로 올려붙이고 끊임없이 열과 새 광물을 공급한다. 원시 바다의 파도가 끊임없이 밀어닥쳐 암석을 기계적으로 용해한다. 모든 것이 합심하여 생명체를 생성하는 데 필요한 화학적 반응을 일으켜주는 에너지 공급자 역할을 한다.

이제부터 우리의 '현재' 곧 38억 년 전 이야기에 집중하려고 한다. 우리는 상상 속의 첫 생명체가 되어 위에서 말한 여러 가지 성질을 지닌 젊은 대지에 발을 디딘다.

원시 대지에 첫 발을 디디니 좀 떨린다. 발밑의 땅이 흔들거린다. 그럴 만한 이유가 있다. 작은 땅덩이는 가벼우면서도 단단한 바위로 이루어져 있다. 이 바위는 하나로 되어 있으면서도 결국 판구조의 영향을 받는다. 지구 내부의 황Duftnote이 바다 분지 깊숙이 파묻힌 열수熱水의 화산 수갱豎坑을 통해 밀려올라오기 때문에 땅이 조금 흔들린다.

우리는 계속 나아간다. 몇 미터 떨어진 곳에 암석 조각이 있다. 이것을 지구화학적 관점에서 자세히 관찰한다. 안에는 몹시 아름다운 지르콘 수정Zircon Crystal이 들어 있다. 우란과 납의 비율, 암석의 다양한 산소 동위원소를 근거로 연대를 측정하는 데 이것은 매우 중요하다. 21세기인 지금 계산에 따르면 암석에 포함된 지르콘 수정은 놀랍게도 나이가 44억 살이다. 지르콘 수정은 지구가 생성된 지 1억 5천만 년 후 물 가까운 곳에서 굳어져 형성되었을 것이고, 이 무렵에 이미 최초의 대륙과 대양이 존재했을 것이다. 믿기 어려운 일이다.

가시거리 내에 작은 웅덩이가 있다. 우리는 물을 채취하여 검사한다. 연갈색 물은 석유처럼 끈적거리고 소용돌이 물처럼 뜨겁다. 몇 번 검사를 해보니 우리 짐작이 딱 들어맞는다. 물에는 이미 아미노산 곧 자외선의 영향을 받아 단순한 유기적 결합으로 생긴 모노머Monomere(고분자를 이루는 작은 분자를 뜻하며 단량체라고도 한다–역자주)가 이미 돌아다니고 있다. 이것은 물이 생명에 꼭 필요한 분자라는 것 이상을 말해준다. 1871년 찰스 다윈이 추정한 것, 곧 최초의 단백질이 결합된 '따뜻하고 작은 연못'이 바로 이것일까? 그런 아미노산을 함유한 부로스(미생물 배양액–역자주)가 온 지구에 퍼져 있었을까? 후자일 가능성이 더 크다. 연못에서 헤엄치고 있는 유기분자가 결국 38억 년 후에 사람들이 생명체의 기본 물질이라고 말하는 단백질의 원료라는 것은 분명하다. 주로 탄소, 수소, 산소, 질소로 이루어진 단백질이 모든 세포의 기본 물질이기 때문이다. 그 이상도 아니고, 그 이하도 아니다.

아쉽게도 단량체밖에 없다. 이 황무지에는 많은 단백질로 이루어진 더 큰 분자 고리인 고분자가 보이지 않는다. 매우 강한 자외선 폭격을 끊임없이 받는 지구 표면에서 그 이상의 것은 기대하지 못한다. 적어도 우리는 생명체의 기본 물질을 구성하는 것을 발견했다. 수백만 년 더 일찍 이 원시 연못에서 표본을 채취하여 어떤 측정기계를 이용해서 분석하더라도 유일한 아미노산 분자를 찾아내지는 못할 것이다.

더욱이 차단막 역할을 하는 오존층이 없어서(오존층은 훨씬 뒤에 형성된다) 에너지가 풍부한 자외선 광자가 더 큰 아미노산 분자 형성을 방해했을지도 모른다. 이 분자는 순식간에 쪼개졌다가 금방 다시 통합된다. 분자는 이런 연속 작용을 거쳐 더욱 복잡한 유기분자가 되고, 유기분자는 금방 다시 쪼개진다. 그것은 이를테면 왔다가 가는 것 곧 생성과 소멸이다. 적외선의 분열 작용도 부서지기 쉬운 아미노산 결합을 안정시키지 않는다. 적어도 얕은 물속을 무방비 상태로 돌아다니는 아미노산을 안정시키지는 않는다.

깊은 물에서 채취한 표본이 필요하다. 이제 원시 바다 속으로 들어가서 더욱 복잡한 아미노산을 찾아보기로 하자. 물 표면 바로 밑에 끈적끈적한 연못물 분자와 성질이 같은 분자가 있다. 10미터 더 들어가니 복잡한 아미노산 구조물이 나타난다. 깊이 들어갈수록 분자의 수와 크기가 증가한다. 이곳이 더 큰 분자에 이르는 중간 분자가 모여 있는 곳이다. 이보다 위에는 자외선이 큰 분자를 파괴한다. 깊은 바다 속에도, 물 표면에도, 땅 표면에도 생명체의 진짜 실험실은 존재하지 않는다. 바닷물이 자외선의 파괴 작용을 효과적으로 막아주기 때문에 깊은 물속에 있는 아미노산은 이전보다 훨씬 복잡한 새 고분자를 형성한다. 분자는 지하 '협곡'이나 '협만'의 갈라진 암석층과 점토층에 달라붙는다. 이곳에서 분자는 서로 매우 가까이 다가가서 긴밀하게 결합한다. 수천 년이 지나면 물이 일부 증발하여 용액이 농축되고 분자가 모여 새로운 결합이 일어날 가능성이 더욱 커진다. 그러나 때때로 파도와 바람이 가장 밑에 있는 분자를 가장 위로 밀어올리기 때문에 새 분자는 다시 파괴된다. 특별히 안정되고 유연한 분자만이 운명의 장난에서 살아남는다. 이런 방법으로 생존력이 강한 유기분자가 바다와 지

표에 흩어진 수백만 개의 호수 그리고 웅덩이에서 형성된다. 원시 수프(원생액原生液, 지구상에 생명을 발생시킨 유기물의 혼합 용액-역자주)의 유기물질인 유기분자는 생명체의 도움 '없이' 생성되어 진화상의 대혁명의 서막을 연다.

최초의 단세포생물-광합성 발명자

이 진화상의 대혁명을 다루기 전에 당시 기준으로 미래 3억 년을 여행하기로 하자. 통설에 따르면 이 시기는 생물학적 혁명의 구체적인 결과물이 나타난 때이고, 지구 최초의 미생물이 햇빛을 '감지한' 때이다. 하필 박테리아가 지구를 정복한 최초의 생명체라는 것은 전혀 놀라운 일이 아니다. 미생물은 여전히 이 세계에서 가장 성공한 생명체이고, 가장 내성耐性이 강한 생명체이다. 실제로 미생물이 없는 곳은 없다. 지상의 다른 생명체와 달리 미생물은 극단적인 환경에서도 산다. 극지방의 해빙海氷에서도, 뜨거운 샘에서도, 염분이 많은 곳에서도, 염기성 환경이나 산성 환경에서도, 빛이 없는 심해에서도, 압력이 높은 곳에서도, 심지어는 진공 곧 산소가 없는 우주에서도 이 생존의 마술사는 쉽게 증식한다. 경지 1그램에도, 피부 1제곱센티미터에도 가장 작은 생명체인 미생물 수십만 마리가 있다. 지구상에 있는 미생물의 총 수는 헤아릴 수 없을 만큼 많다. 미생물학자는 박테리아 무리가 지금 지구상에 살고 있는 전체 동물 수보다 다섯 배에서 25배는 많을 것으로 보고 있다. 오늘날까지 과학이 기껏 소우주의 변경만 탐구하고 당시나 지금이나 지구의 토박이 지배자인 미생물을 1%밖에 모르는 것은 당연하다.

이제 우리는 최초의 생명체의 하나를 두 눈으로 직접 보려고 한다. 이 목적을 달성하려고 지구에서 가장 오래된 생명체가 있을 것으로 추정되는 해안지대로 키를 돌린다. 우리는 시험관을 미지근한 바닷물에 넣고 전자현미경으로 표본을 자세히 관찰한다. 저항력이 매우 강한 미생물인 시아노박테리아Cyanobakterien(원핵 생물계의 한 문門으로서, 엽록소와 남조소를 가지고 있는 단세포 생물로 남조류라고도 한다—편집자주)가 보인다. 시아노박테리아의 계보를 보면 독특한 청록색을 띤, 아주 작은 만능 재주꾼이 지금으로부터 35억 년 전에 지구에서 살고 있었다는 것을 분명히 알 수 있다. 원시 시아노박테리아는 모두 멸종해버렸으나 지구에는 오늘날 여전히 이 박테리아의 이종異種이 2,000종 살고 있다. 오스트레일리아에서는 시아노박테리아의 최후 직계 후손인 스트로마톨라이트Stromatolithen(원시 지구의 산소 생산 공장으로 내부는 단단한 암석이고, 그 표면은 시아노박테리아로 덮여 있어 부드러운 해면처럼 되어 있다—역자주)를 지금도 볼 수 있다. 해양생물학자는 시아노박테리아를 통해 생성된 석회 퇴적물이 스트로마톨라이트 안에 있는 것을 본다. 이 유기체는 트릭을 이용하여 빠르게 증식한다.

현미경을 들여다보고 있노라면 이 미생물이 처음 존재할 때부터 지구에서 가장 크게 성공한 생명체가 된 이유를 알게 된다. 에너지 획득 문제에 관한 한 시아노박테리아는 자연에서 가장 먼저, 가장 효율적으로 쿠데타를 일으킨 놈이다. 시아노박테리아는 거의 모든 육지 식물, 해초, 몇몇 박테리아가 오늘날까지 진화해오면서 발전시킨 전략, 곧 광합성이라는 전략을 구사한다. 여러 가지 생화학적 과정을 거쳐 시아노

박테리아는 이산화탄소를 포함한, 특별히 광선을 잘 흡수하는 색소의 도움으로 햇빛을 화학 에너지로 바꾼다. 청록 색소는 박테리아에 존재하는 엽록소에서 유래한다. 광선이 녹색 색소와 만나면 흡수된 이산화탄소가 반으로 쪼개진다. 미생물은 이산화탄소를 영양원으로 하여 산소를 만들어낸다. 그러나 시아노박테리아와 거의 동시에 나타난 녹색유황세균green sulfur bacteria은 무산소광합성을 하므로 산소 분자를 전혀 만들어내지 못한다. 박테리아든, 원시 박테리아든 세포 형태의 모든 생명체에 공통되는 사실은 생명체가 순수한 전핵생물Prokaryonten(그리스어로 핵 이전이란 뜻으로 세균류나 남조류처럼 핵이 없는 생물이나 세포를 말한다—역자주)이라는 것이다. 전핵생물에는 세포막에 둘러싸인 세포핵이 없고, 이렇다 할 기능을 하고 구조적으로 경계를 지을 수 있는 소기관도 없다. 그런데도 전핵세포는 질적으로나 양적으로 효율적으로 번식한다. 그것도 단순히 둘로 쪼개지는 무성생식으로, 그 효율은 정말 경탄할 만하다. 이 번식 형태는 20억 년간 지구상의 생물학적 사건을 지배하고 있다. 박테리아의 발생과 아울러 바이러스도 명함을 내민다. 바이러스는 생물과 무생물의 경계를 넘나드는 것으로 대개 생물로 분류되지 않고, 따라서 전핵생물에 포함되지도 않는다. 신진대사도 하지 않고 자신의 힘으로 번식하지도 못한다는 것이 바이러스가 전핵생물에 포함되지 못하는 주된 이유이다. 그런데도 '적자생존'이라는 기준에 입각한 진화 서열이 있다면 바이러스는 박테리아와 함께 1위를 차지할 것이다. 적응력, 변화력, 저항력에 있어서는 다른 어떤 생명체도 이 두 생명체를 따라가지 못한다.

DNA 혁명

아미노산 외에 세포막 형성에 꼭 필요한 이른바 지방질이 형성되는 폼산formic acid(개미나 벌 등의 체내에 있는 지방산의 한 종류로 1670년 피셔가 개미를 증류하여 처음으로 얻어 개미산으로도 알려져 있다. 자극적 냄새가 있는 무색의 액체로 피부에 접촉하면 수포가 생긴다-편집자주), 아세트산, 프로피온산 같은 지방산이 '끓는' 원시 수프를 한 번 더 살펴보기로 한다. 생명이 자신을 '실현하고' 자신의 힘으로 번식하도록 자연은 놀라운 메커니즘을 창조하고 이것으로 앞에서 말한 진화상의 대혁명을 일으킨다. 비틀린 새끼줄 사다리처럼 생긴 기적의 분자 DNA가 유전물질의 운반자가 되고, 모든 유기체의 건축 설계자가 된다. DNA는 정보를 저장하고, 자신을 복제하고, 낡은 지식과 새로운 지식을 후대에 전한다. 이것은 시아노박테리아가 처음으로 자랑스레 보여준 완전히 새로운 성질이다. 시아노박테리아의 세포질 속에는 세계 역사상 최초의 DNA 선구자와 RNA 선구자가 무방비 상태로 마음껏 헤엄쳐 돌아다니고 있다.

무엇보다도 생명이 없는 분자에서 어떻게 '생명'이 나왔을까 하는 의문이 드는 것은 당연하다. 물속을 떠돌아다니던 아미노산에서 어떻게 미생물이 생길 수 있었을까? 도대체 어느 때부터 생명 또는 생명체라는 말을 사용해도 될까?

우리는 세포가 형성되는 화학적 과정을 거의 모르고, 창조의 2막이 어떤 내용인지 아직도 모른다. 생명의 생성 모습을 납득할 만하게 묘사한 장은 우리에게 감추어져 있다. 생명의 보편타당한 정의를 찾는 사람은 성장력, 번식력, 환경 변화에 대한 적응력, 에너지 교환 능력,

물질 교환 능력, 정보 교환 능력 등을 생명의 독특한 특징으로 본다. 물론 이런 성질 중 많은 것은 화학적, 물리적, 기계적 체계에 적합하다. 어쨌든 이제 우주에 생명체가 존재한다. 박테리아에서 인간에 이르기까지 지구에 존재하는 생명체는 모두 탄소의 친화력 때문에 득을 본다.

탄소는 복잡한 고리 분자를 이루고 있고, 성질상 거의 모든 다른 원소와 쉽게 결합한다. 지구에 있는 모든 생명체의 기본 분자인 탄소는 식물, 동물, 인간 등 모든 유기체에 예외 없이 존재한다. 탄소가 없으면 DNA도, RNA도 없을 것이다. 또한 핵산과 단백질 같은 고분자와 다섯 개의 뉴클레오티드, 스무 개의 아미노산도 이 세상에 존재하지 않을 것이다. 오늘날의 컴퓨터 용어를 빌리자면 탄소는 생명의 골격을 만들고 안정화시키며 장차 유기체가 성장하고 번식할 외적 토대를 만드는 핵심 하드웨어 역할을 하고, DNA는 소프트웨어 역할을 한다. DNA는 유전정보를 암호화하여 다음 세대의 생명체에 신진대사 과정, 성장 과정, 번식 과정을 전달한다. 생존에 꼭 필요한 정보를 저장하고 복제하고 전승하는 능력은 분자의 특수한 병렬에 달려 있다. 나선형 계단 모양의 DNA 고리는 분자의 특수한 병렬에 따라 이루어진다. DNA는 분자의 병렬 순서를 이용하여 유기체를 유지하는 데 필요한 생화학적 과정을 조종하고, 모든 개체를 동일하게 재생산하는 데 필요한 과정을 조종한다. DNA에 포함되어 있는 정보는 분자의 병렬 순서를 복제한 '복제자' RNA를 통해 개체의 단백질 공장으로 끊임없이 운반된다. 이 공장에서 아미노산으로부터 새 단백질이 다시 만들어진다. 이 두 배 증식 메커니즘은 지구에 있는 모든 생명체의 열쇠이다.

물론 인간도 DNA의 자식이다. 각 염색체 속에 있는 DNA 분자는 세포핵에서 이중나선을 이루기 때문이다. 염색체는 23쌍 곧 46개 있고, 각 염색체의 DNA는 수천 개의 정보단위 곧 유전자를 운반한다. 일반적으로 우리는 이것을 자기 증식 능력이 있고 나누어지지 않는 마지막 유전정보 단위로 이해한다. 유전자 하나는 짧은 DNA 조각 하나를 대표하는데 이 DNA 조각에는 앞뒤로 늘어선 많은 아미노산으로 이루어진 특정 단백질을 생산하라는 지시가 들어 있다. 따라서 유전자는 수정된 난세포에서 다 자란 인간에 이르는 발달을 실현하는 복잡한 공동작용을 조종하기도 하고, 우리의 외관과 성질에 영향을 미치기도 한다. DNA 건축 설명서는 네 개의 문자 체계로 쓰여 있고, 각 문자는 DNA의 화학적 구성요소인 핵 염기 아데닌A, 구아닌G, 티민T, 시토신C 중 하나와 일치한다(RNA에는 티민이 없고, 우라실이 있다). 여러분이 DNA에서 특정 유전자를 찾아내는 일은 모르는 개념을 정확히 이해하기 위해 도서관에서 백과사전을 다 뒤지는 일과 같을 것이다. 서가에는 사전事典 46권이 있고, 어느 것을 꺼내더라도 A, G, T, C 네 개의 문자로 쓰여 있을 것이다. 게다가 이 네 개의 문자가 제멋대로 위치를 바꾸어 아는 단어나 논리적 문장은 하나도 없다. 여러분은 연관된 텍스트나 얻으려는 정보 대신 AGTTCGTGAAAACTCCG처럼 문자 네 개가 무의미하게 뒤섞여 있는 텍스트만 볼 것이다. 지구의 모든 생명체가 신비스러운 문자의 4중주를 이용하고 있다는 것은 정말 놀라운 일이다. 특히 오늘날 분자생

물학자들이 이 '문자 기호'의 97%를 무용한 정보로 보고 있다는 점에서 문자 샐러드로 이루어진 세포 기관이 전혀 이해되지 않는다는 것도 놀라운 일이다.

'핵이 있는' 단세포생물의 출현

다음 역은 23억 년 가야 나온다. 새로 프로그래밍해서 입력해 넣은 시간 목표가 기원전 15억 년이라고 컴퓨터 액정화면에 나타난다. 우리는 매우 긴 시기를 날아 지나간다. 생물학적 관점에서 보면 그동안 거의 아무 일도 일어나지 않는다. 태고의 미생물은 발전할 생각은 하지 않고, 번식에만 전념한다. 후손을 유지하는 데만 신경 쓰고, 한 차원 높은 단계에 이르는 데는 전혀 관심이 없다. 영원히 겨울잠에 빠져 꼼짝달싹 하지 않는 것 같고, 새로 도전해볼 생각이나 어떻게 하면 후손이 언젠가 생각하는 존재가 될지 자연을 실험해 볼 생각은 전혀 하지 않는 것 같다. 아니, 창조성에 관한 한 태고의 박테리아는 관심도 없고 보수적이며 둔하기 그지없는 지구의 생명체이다. 태고의 박테리아는 지구의 미래에는 관심이 없고, 그다지 살기 좋지 않은 외적 조건, 특히 산소가 거의 없는 대기에서 숨 쉬는 일에만 몰두한다. 관련 문헌으로 알고 있는 것처럼 지금으로부터 15억 년 전에는 모든 것이 달리 존재하지 않았을까?

측정 결과에 따르면 지난 20억 년간 대기 중의 산소 농도가 적어도 몇 퍼센트 증가했음을 알 수 있다. 아하, 산소가 많아져서 몇 가지 사건이 일어났구나.

태고의 우리 친구 시아노박테리아가 미친 듯이 광합성 활동을 한 덕분에 산소 농도가 증가한다. 이 미생물이 자신을 둘로 쪼개어 기하급수적으로 불어나기를 무척 좋아한 덕분에 산소가 엄청나게 방출되었다. 산소는 처음에 철과 결합하여 산화철이 되었으나, 언젠가 녹슨 환경과 작별하고 다시 대기 속에 풍부히 존재하게 되었다. 대기가 크게 달라졌다. 이전에는 메탄과 이산화탄소로 이루어진 빽빽한 구름 융단이 햇빛을 거의 다 차단했으나, 이때부터 햇빛이 태고의 장애물을 통과하여 지구에 발을 디뎠다. 지상 15킬로미터 높이에서 특이한 결합이 이루어졌다. 끊임없이 공급되는 산소와 자외선이 복잡하게 서로 작용하여 비로소 오존이 생성되었고, 이 과정이 무수히 되풀이되었다.

산소와 자외선의 결합은 생명체의 발달에 축복을 가져다주었다. 오랫동안 고대하던 방패막, 파괴적인 자외선을 막아주는 방패막이 이런 방법으로 마침내 형성되었다. 이제부터 덜 가혹한 조건에서 생명체가 생긴다. 이 과정이 과감하게 진행되어 완전히 새로운 세포 유형이 생겨나고, 새 세포는 단기간 내에 온 지구를 병합한다. 진핵眞核생물Eukaryonten(그리스어로 순수한 핵이란 뜻)의 시대가 막을 연다. 세포는 세포핵 한 개와 무수한 작은 도구로 이루어지는데 이 도구 가운데 리보솜(이 '단백질 공장'은 살아있는 세포 안에서 가장 작은 물체이다) 다음으로 중요한 것이 미토콘드리아이다. '새로운' 산소를 이용하는, 아주 작은 발전소인 미토콘드리아가 에너지대사代謝에 매우 중요한 역할을 하기 때문이다. 세포핵이 없는 전핵생물이 오랫동안 온갖 고생을 해가면서 닦아놓은 길(생물학적 후계자가 이 길 대부분을 무자비하게 배제한다)에 이제 진핵생물이 발을 디딘

다. DNA보다 거의 1만 배나 크고 1,000배나 무거운 진핵생물(전핵생물과 달리 세포질 속을 마음껏 헤엄치지 못하고 세포핵에 자리 잡아 보호를 받는다)은 세포핵이 없는 전임자보다 더 많은 정보를 유전질에 수용한다. 이것은 세포의 구조와 역할이 매우 다양한 것을 보면 쉽게 알 수 있다. 다세포생물만 생명의 도약에 성공한다. 진핵생물이 세포를 지배하기 때문이다. 이런 권력 인수가 없었더라면 지구에는 어떤 고등 생명체도 출현하지 않았을 것이다. 이제 진핵생물이 10억 년 이내에 새 길을 개척한다. 더욱 크고 복잡한 생명체가 나타나 길을 닦는다. 이것은 새로 발명된 세포분열을 통해 이루어진다. 정확히 똑같은 세포 두 개가 하나의 세포에서 생긴다. 이 메커니즘은 오늘날까지 확실하게 작용한다.

8장

생물 종의 확대

캄프리아기의 폭발과 공룡의 종말

땅의 모든 동물은 녹색식물 그늘에서 생겼다.

ㅡ리처드 포티Richard Fortey

동물은 어떻게 해서 커졌을까? 이것을 해명하려고 온갖 시도를 했으나 유감스럽게도 증명될 수 있는 답은 없다.

ㅡ폴커 아르츠트Volker Arzt

선캄브리아기 후기에 들르다

여러분이 안전벨트를 한 번 더 확인했다니 좋다. 여러분은 우리와 함께 이미 과거 38억 년을 둘러본, 방금 확인된 타임머신 우주선을 신뢰할 것이다. 우리는 여느 때와 마찬가지로 목표를 정한다. 여행 목표는 원시 지구, 시간 목표는 5억 6천만 년 전 태고 시대. 만사가 순조롭다. 다시 출발.

우리는 목표를 아무렇게나 정하지 않는다. 우리가 정한 시간 목표 4천만 년 전 지구에 혹독한 빙하기가 닥친다. 전 세계에 몰아닥친 이 빙하기는 오늘날 과학자들이 '얼음덩어리 지구'라고 표현할 만큼 추위가 혹독했다. 실제로 혹독한 추위 때문에 진화생물학적 창조 활동이 모두 움츠러들었다. 이보다 앞선 시대를 여행하더라도 분명히 재미있는 일도 없을 것이고, 의미심장한 화석도 없을 것이다. 지금까지 발견된 다세포생물 화석 가운데 가장 오래 된 것은 5억 8천만 년쯤 되었다. 캄브리아기(5억 4,200만 년 전)가 시작되기까지 지구 생성 역사를 거의 다 차지하는 선캄브리아기(46억 년 전)에는 화석이 없다는 것이 엄연한 사실이다. 진화상 가장 오랜 시기 동안 지구의 생물학은 정체했다.

눈을 살포시 뜨고 위, 아래를 살짝 훔쳐봐도 좋다. 우리는 의식적으로 타임머신 우주선을 지구 궤도에 올려놓고 지구 모습을 보며 감탄한다. 채광창으로 밖을 내다보려면 미리 눈을 몇 번 비비는 것이 좋다. 눈앞에 펼쳐진 모습이 낯익은 지구 모습과 완전히 다르기 때문이다. 지구는 푸른 보석처럼 반짝이고, 흰 구름층은 햇빛에 반사되어 떠도는 솜사탕처럼 보인다. 그러나 바다와 그것에 둘러싸인 섬인 대륙은 달리 보인다. 아프리카, 유럽, 아메리카, 그 밖의 대륙이 도대체 어디에 있단 말인가? 세계를 끌어안고 있는 대양이 지구의 얼굴 모습을 만들고 있는 것처럼 보인다. 대륙이라는 섬으로 나누어진 땅덩어리는 죄다 남반구에 모여 있고, 북반구는 거의 물로 이루어져 있다. 이 거대한 땅덩어리가 선캄브리아기의 거대한 대륙인 '곤드와나Gondwana'라는 것은 의심할 여지가 없다. 남아메리카, 아프리카, 남극대륙, 오스트레일리아는 한참 후에 곤드와나에서 생긴 것이다. 온통 바다뿐인데도 통합된 아메리카 판板인 '로렌티아Laurentia'와 오늘날의 북유럽인 '발티카Baltica' 같은 고립된 대륙이 보인다. 당시 지구는 지리적으로 정확히 구별되지 않았다. 남극은 적도 가까이, 태고의 중유럽은 남극 가까이 있었을 것이다.

태고의 중유럽이 유달리 우리의 관심을 끈다. 우리는 우주선에서 내려 이 책의 독자 대부분이 얼마 전에 세상의 빛을 보게 된 이 대륙의 환경 조건을 유심히 살펴본다. 아무리 둘러보아도 태고의 중유럽은 황량하고 쓸쓸하기만 하다. 마침내 우리는 눈길을 돌린다. 내륙 깊숙이 살펴보아도 황량하고 쓸쓸하기는 마찬가지이다. 이 돌사막, 모래사막에

는 동물 한 마리, 나무 한 그루, 아니 풀 한 포기조차 없다. 지질학자라면 고향에 온 듯한 기분이 들지도 모르겠다. 토양 시험 결과가 이미 본 것을 입증한다. 대륙은 지구의 위성인 달만큼 불모지이다. 아무리 둘러보아도 박테리아 하나, 간상균桿狀菌 하나 보이지 않는다. 33억 년 전 이곳에서 본 생명체 시아노박테리아는 어디로 숨어버렸을까?

대륙의 음울한 분위기를 조장하려는 듯이 강이 힘겹게, 아니 거의 고통스러운 몸짓으로 척박한 땅을 헤치며 흘러가고 있다. 우리는 강가에 다가가서 시험용 물을 채취한다. 서둘러 분석해보니 미생물이 활동한 흔적이 보인다. 그럼 그렇지. 역시 물은 생명의 원천이야. 우리는 다시 우주선에 올라탄다. 안전벨트를 꼭 채운다. 이제 원시 대양 탐험에 들어간다. 해안 상공을 나는데 얕은 물에서 솟아오른 탑 같은 것이 눈에 띈다. 자세히 보니 스트로마톨라이트이다. 낯익은 시아노박테리아가 그 안에도, 그 위에도 돌아다니고 있다. 여러분은 제대로 보았다. 그것은 첫 번째 시간 여행 때 본 적이 있는, 태고적 우리 친구의 후손이다.

이제 눈을 밑으로 돌리고 바다 깊숙이 들어가야 한다. 물을 무서워하는 독자도 시간 여행 때 물에 젖지 않을까 걱정하지 않아도 된다. 우리 우주선은 눈 깜짝할 사이에 25미터나 들어가지만, 워낙 방수가 잘 되어 끄덕도 없다. 처음에는 이렇다 할 만한 것이 거의 눈에 띄지 않는다. 해저 가까이 가니 비로소 돌 모양의 구조물이 보인다. 이 구조물 표면과 안에 박테리아가 서식하고 있을지도 모른다. 곧장 구조물을 분석해 보니 단세포생물이 많이 있다. 그러나 이제 수중 여행을 해도 재미가 없다. 원시 대양이 생명체, 그것도 단세포생물만 사는 곳이라는 것은 분명하다. 원시 다세포생물이 여기저기 존재하기는 하지만, 미생물이 우주를 독차지하고 있다. 다세포동물인 우리는 다시 이 단조로운 세계를 떠난다. 오늘날 바다는 생명체의 진짜 보고이자 광활한 미지의 세계이지만, 5억 6천만 년 전에는 대륙만큼이나 황량했다. 실제로 지구가 그만큼 단조로웠을까?

초기 캄브리아기로의 여행

솔직히 말해서 우리는 몹시 지루하다. 어서 이 시기를 벗어나 다른 시기를 방문하기로 하자. 우리는 컴퓨터에 프로그램을 새로 입력하여 2억 5천만 년 앞으로 날아간다. 우리는 매우 짧은 지질학의 한 시기에 발을 들여놓았다는 것을 알아두어야 한다. 이 짧은 시기에 어떤 대단한 일이 일어났을까?

시계 바늘이 기원전 5억 3500만 1년을 가리키고 있다. 우리 목표가 달성되었다. 이번에는 대륙을 무시하고 곧장 태고의 대양에로 키를 돌린다. 멀리서 보니 몇 분 전(우주선을 타고 들렀던 때를 말함-역자주) 또는 2,500만 년 전보다 훨씬 생기를 띠고 있는 것처럼 보인다. 어떤 곳에는 무언가 푸르스름한 것이 내비친다. 우리 우주선은 다시 U보트로 바뀌어 이전과는 완전히 다른 낯선 대양 속으로 대담하게 들어간다. 놀랍게도 좀체 믿기 어렵고 뭐라고 설명하기 어려운 모습이 채광창 밖에 펼쳐지고, 스크린에 나타난다. 황량하기 그지없던 대양이 생명체가 번창하는 곳으로 바뀌었다. 생명체, 그것도 맨눈으로 조사할 수 있는

다세포생물이 우글거리고 있다. 해저에는 갑각류가 기어 다니고 있고 다족류(절지동물 중에서 다리가 많은 종류를 일컬으며, 다지류라고도 한다–편집자주), 환형동물, 유조류有爪類(환형동물과 절지동물의 중간형인 페리파투스(Peripatus, 鉤蟲類)를 포함하는 무리로 두 무리의 특징을 모두 가지며 독립된 문, 또는 절지동물의 아문이나 강으로 취급되기도 한다–편집자주), 그 밖에 괴상하게 생긴 동물들이 쉴 새 없이 돌아다니고 있다. 모래와 진흙으로 뒤덮인 해저에는 산호, 바닷말, 조개, 말미잘, 그리고 선인장처럼 생긴 해면이 번창하고 있다. 다족류처럼 가시 같은 발로 해저를 느릿느릿 돌아다니는 벌레도 보이는데 이 괴상한 생명체가 '할루시제니아Hallucigenia'(절지동물의 초기 형태로 모습이 매우 괴상하게 생겨 '환상적'이라는 뜻의 이름이 붙었음–역자주)이다.

지난 번 방문 때 시아노박테리아와 스트로마톨라이트를 발견한 해안 지대로 시선을 돌려보자. 내성이 매우 강한 이 동물은 아직도 이곳에 존재한다. 바로 옆에는 괴상하게 생긴 생명체가 모래 위를 기어 다닌다. 이놈은 생김새와 크기가 독특하여 금방 눈에 띈다. 이놈이 바로 고생물학에서 가장 오랫동안 숭배의 대상이 되어온 태고의 생명체인 삼엽충이다. 눈앞에서 물속을 돌아다니고 있는 이 친구는 '레틀리키이다Redlichiida' 목目에 속하는 것으로 이 시기, 이 종의 대표자이다.

게만한 이런 동물(거미의 조상이다)은 지질학적으로나 동물학적으로 캄브리아기에서 가장 중요하고 흥미로운 동물이다. 동물상動物相의 발달에 중요한 획을 그었기 때문이다. 오늘날 15,000종이 넘는 동물이 이놈에서 나왔다. 이놈을 완전히 덮고 있는 딱딱한 키틴Chitin 껍데기는 약 2억 5천만 년 전에 멸종된 절족동물의 특징이다. 이놈은 헤엄을 잘 못쳐서 얕은 물을 좋아하고, 포획기관이나 집게발도 없이 바닥을 돌아다니며 아주 작은 먹이를 빨아들인다.

삼엽충 파코피드는 수백만 년에 걸친 돌연변이 덕분에 입이 발달했다. 그러나 이것만으로는 충분하지 않다. 파코피드는 진화에 대혁명을 일으켜 생명, 체험, 지각, 생존 등 모든 것을 하루아침에 바꾸어 놓는다. 상호 관용의 풍토를 조장하고 심지어는 제 멋대로 구는 존재에까지 생존을 보장해주는 선캄브리아기, 지구 역사상 가장 평화롭던 긴 시기인 선캄브리아기의 에덴동산 곧 원시 지구의 낙원이 갑자기 사라진다. 3억년 이상이 지나 캄브리아기가 시작되면서 단세포생물 독재가 종식된다. 10억 년간 바다에 대량으로 존재하면서 늘 공생을 꾀해온 남조류와 박테리아가 사냥감이 된다. '나도 살고 너도 살자'라는 불문율에 입각하여 바닷물과 햇빛에서 에너지를 얻으며 평화롭게 살아 온 선캄브리아기의 남조류와 박테리아에게 이제 죽음이 도처에서 기다리고 있다. 완전히 새로운 감각기관으로 무장하여 믿을 수 없을 만큼 진화상의 장점을 누리게 된 파코피드가 이것에 결정적인 역할을 한다. 남조류, 박테리아, 복족류腹足類(연체동물문의 가장 큰 강綱으로 7만 5,000여 종이 알려져 있다. 몸은 발달한 머리와 넓고 편평한 포복성인 근육성 발이 있다—편집자주) 는 눈이 없는데 파코피드는 눈이 있다. 지구가 이제껏 환영인사를 한 모든 생명체 가운데 눈으로 지구를 깜짝 놀라게 한 최초의 생명체가 파코피드이다. 비로소 생명체가 세상의 빛과 어두운 원시 대양을 눈으로 본다. 파코피드는 시각의 선구자이다. 이 독창적인 발명 덕분에 진화가 더욱 활발히 진행된다. 마침내 절족동물도 우리

눈보다 훨씬 좋은 눈을 가지게 된다. 절족동물은 크고 민감한 겹눈이 두 개인데 각 겹눈은 낱눈 15,000개로 이루어져 있다.

유감스럽게도 파코피드는 이 '최신식' 감각기관의 엄청난 장점을 함께 바다에 사는 생명체를 사냥하는 데 이용한다. 먹이를 보고 의도한 대로 공격하게 하는, 성능이 뛰어난 겹눈을 가진 덕분에 지구 역사상 첫 약탈자가 된 파코피드 때문에 원시 바다는 혼란에 빠진다. 파코피드는 은총도, 군비축소 협정도 알 리가 없는 진짜 나선형 갑옷을 걸치고 있다. 방어도, 보호도 모르던 바다 생명체도 단시간 내에 눈을 가지거나 그때까지 없던 가시, 갑주, 위장(의태) 같은 방어 메커니즘을 가지고, 피부에 특수한 자극 센서를 가지거나 효과적인 독을 가진다. 먹이가 새 방어 전략이나 방어 무기를 갖춤에 따라 사냥꾼은 더욱 공격적인 포획 기관이나 포획 기술로 반격한다. 수백만 년 전에 바다에서 불이 붙은 생물학적 대폭발 때문에 물속에는 전투 분위기가 지배하고, 평화롭던 풍토는 이제 남아 있지 않다. 연구자는 원시 대양을 관류한 연쇄반응을 일으킨 이 대폭발을 '캄브리아기의 폭발'이라고 한다.

캄브리아기 혁명에 대한 메모

아직 안전벨트를 매고 있는가? 그렇다고? 자, 다시 비행하기 전에 약 5억 4,200만 년 전 캄브리아기가 시작되게 한 '캄브리아기의 폭발'에 대해 몇 마디 하기로 하자. 지질학적으로 보면 아주 짧은 기간인 1천만 년에서 최대 2천만 년 사이에 이전에 없던 다양한 생명체가 무에서 생긴 것

같다. 많은 새 동물종이 바다를 정복한다. 그러나 5천만 년이 채 못 되어 이것들은 지구 역사상 최초의 대멸종에 희생되어 사라진다.

　캄브리아기의 폭발이 지구를 뒤흔들어 놓는 동안 생물학적 폭발이 일어나 생명체는 더욱 복잡해지고, 종도 매우 다양해진다. 식물상과 동물상은 생물학적 빅뱅 3천만 년 전에 이미 다양해졌으나, 초기 캄브리아기에 다세포생물의 시대가 시작되면서 이전과는 비교할 수 없을 만큼 다양해졌다는 것은 분명하다. 이제 뒤로 돌아가지는 못한다. 생명체는 소우주, 대우주, 물, 땅, 공중에서 장기간에 걸쳐 더욱 복잡하게 발전한다. 단세포생물 수준의 남조류와 박테리아가 서식하고 튼튼한 뼈대도, 딱딱한 껍데기도 없는 최초의 다세포동물이 서식하던 바다에 수준이 훨씬 높은 새 생명체가 갑자기 100개도 넘게 돌아다닌다. 앞에서 본 것처럼 딱딱한 껍데기로 몸을 둘러싼 생명체도 있고, 사지를 가진 생명체도 있고, 정교한 포획기관을 가진 생명체도 있다. 또 효율적인 이동기관 덕분에 더 빨리 헤엄칠 수 있어서 멀리 떨어진 곳에 서식 공간을 개척하는 생명체도 있다. 이제 생명체는 민감한 시각 덕분에 사냥도 더 잘 하고 딱딱한 껍데기 덕분에 이전 생명체보다 더욱 강해져서 생존력도 그만큼 더 크다.

　5억 4,200만 년 전에 일어난 이 일은 오늘날까지 지구에서 행해진 실험 가운데 가장 크고 성공적인 생물학적 실험이다. 과학 전문 저술가 폴커 아르츠트가 정확히 지적한 것처럼 그것은 '전례 없는 발명과 아이디어의 폭발이고, 실험에 대한 환상과 욕구의 폭발'이었다.

　어떻게 해서 생명체에 혁명이 일어났을까 하는 의문이 드는 것은

당연하다. 원인이 있다면 무엇일까? 새로운 종이 무에서 나오지 않고 선캄브리아기의 조상한테서 나왔다는 것은 확실하다. 이 조상은 매우 작음에도 6억 년 전 빙하기에도 살아남아 내성을 과시했다. 당시 지구는 온통 얼어붙어 있었으나, 어떤 무리는 서식지를 발견하고 멀리 떨어진 생활공간에서 완전히 다른 생명체를 만들어냈다. 온실 효과가 일어나 수백만 년 후 지구가 더워지고 해수면이 크게 높아지자 해안에 새로운 생활공간이 형성되었다. 특히 캄브리아기 동물의 껍데기와 갑주 형성에 꼭 필요한 산소와 탄산칼슘이 바다 속에서 많이 방출되어 진화가 촉진되었다.

녹색 개척자의 전진

우리는 타임머신을 타고 캄브리아기를 떠난다. 언제부터, 어떻게 불모의 대륙에 생명체가 지속적으로 살게 되었을까 하는 의문이 머릿속을 맴돌고 있어서 얼른 답을 하고 싶기 때문이다. 동식물은 어떻게 위험과 예측불가능한 일을 무릅쓰고 돌투성이 대륙에 길을 개척했을까? 물은 광물, 산소, 생명체, 영양분 등 모든 것에 생명을 가져다주었다. 만족할만한 답을 얻으려고 우리는 실루리아기(4억 4,400만 년 전에서 4억 1,600만 년 전까지) 중엽으로 날아간다. 이 시기에 동식물은 지질학적 견지에서 보면 아주 짧은 기간 내에 육지로 도약을 감행했다. 우리는 빙하기와 이에 뒤따른 전 세계의 냉각으로 일어난 오르도비스계(係)(4억 8,800만 년 전에서 4억 4,400만 년 전까지)의 대멸종(이때 동식물의 50%가 희생되었다)을 건너뛴다.

우주선이 착륙하는 동안 온통 녹색으로 빛나는 풍경이 채광창으로 들어온다. 우주선이 착륙하자 우리는 살아 있는 땅, 적어도 무언가 살고 있는 땅에 발을 디딘다. 양치류, 이끼류, 우리가 전혀 모르는 식물 몇 종이 땅을 뒤덮고 있다. 아무리 둘러보아도 온통 녹색식물뿐이다. 그렇다. 지난 번 방문 때는 돌투성이 황무지였는데 이제 녹색 생명이 뒤덮고 있다. 이 생물학적 점령은 어떻게 해서 이루어졌을까?

침략의 선봉대는 이미 약 4억 4천만 년 전에 막강한 동물상의 지원 없이 단독으로 정복전쟁을 일으켰다. 육지로 돌격을 감행한 부대인 최초의 생명체는 남조류와 시아노박테리아였다. 신출내기인 남조류와 시아노박테리아는 정찰하다가 100만 년 된 경험의 보고를 입수했다. 그들의 조상은 캄브리아기에 해안가에 첫 식민지를 건설하고도 늘 물과 접촉하면서 살았고, 낯선 바위 지대로 돌격하기를 꺼렸다. 그러나 실루리아기에는 사정이 완전히 달라졌다. 녹색 선봉대는 전진을 거듭하여 땅을 완전히 바꾸어놓고, 더욱 복잡한 식물과 동물이 나중에 순조롭게 정착하도록 길을 닦았다. 선봉대는 영양소가 풍부하고 생산성이 높은 산소로 불모지를 바꾸어놓았다. 미생물에게 낯선 불모의 땅이 없어지고, 이제 실루리아기의 땅에는 미생물이 대량으로 돌아다닌다. 씨가 뿌려졌다. 온갖 식물 종이 더 나은 생활 조건에 끌려 땅에 뿌리를 내린다. 어떤 식물은 부득이 진드기나 작은 동물을 데리고 간다. 이 작은 동물은 죽은 유기체를 해체하여 재활용함으로써 식물을 도와준다(물론 전적으로 사심이 없는 것은 아니다). 쥐며느리Rollassel, 개미귀신Kugelassel, 거미보다 먼저 두 번째 파도를 타고 물에서 육지에 도약을 감행해서 실루리아기의 거

친 황야에서 산 것은 진드기류보다 몸집이 좀 크고 억센 절족동물이다. 육지 최초의 동물로서 신선한 공기를 '마신' 절족동물은 하나같이 크기가 몇 밀리미터밖에 안 되는 벌레 모양의 다족류이다.

때마침 호흡도 시작한다. 당시 땅에서 호흡을 배우는 모험에 끼어든 자는 긴 호흡을 해야 했다. 동식물이 육지에 올라오는 데는 위험이 적지 않았기 때문이다. 수십억 년간 바다의 동식물은 바다에 녹아 있는 이산화탄소에서 필요한 산소를 쉽게 추출할 수 있어서 질식사 걱정은 하지 않아도 되었다. 그러나 젖은 원소가 마른 원소로 바뀜에 따라 생명체는 재빠르고도 효율적으로 호흡기관을 전환해야만 했다. 많은 동식물에게 이 과정은 고통스럽고 괴로운 일이어서 죽는 경우도 적지 않았다. 그러나 동식물은 이 과정을 극복했다.

왜 어떤 동식물이 바다를 빠져나와 육지에서 살려고 했는지는 오늘날까지 수수께끼로 남아 있고, 어떤 점에서는 매우 부조리하기까지 하다. 그러다가 자신의 생명과 후손의 생명까지 위험에 빠질 수 있기 때문이다. 대륙이 아니라 원시 바다를 아직도 낙원으로 여기는 종이 많다는 점에서 더욱 그렇다. 바다에만 먹이, 산소, 물이 많이 있었다. 그 외에도 바다는 생존에 매우 불리한 자외선, 열, 건조함을 언제나 잘 막아주었다. 게다가 바다 속에서는 무척추 바다 생물이 지구인력의 '엄청난' 영향을 받지 않아도 되었다. 바다 생물이 크나큰 저항의 길을 멋대로 선택하여 육지로 나아간 것은 놀랍기까지 하다. 바다 속에서 경쟁이 점점 심해지는 바람에, 다시 말해서 먹이사슬 관계가 더욱 강화되는 바람에 많은 바다 생물이 육지로 올라갔을 것이다. 포식성 상어와 뇌전갈Brontoscorpio같은 거대한 전갈이 바다를 지배한 것도 이와 크게 관련이 있다. 어쨌든 처음에는 적응력 있는 식물이 대륙을 정복하고 수백만 년 후에는 적응력 있는 동물이 대륙을 정복했다. 그것도 하룻밤 사이가 아니라 1천만 년에서 3천만 년에 걸쳐서 진행되었다.

처음으로 바다에서 육지로 올라온 대표적 고등동물은 '이크티오스테가Ichthyostega'(어류에서 진화한 초기 양서류로, 물고기 머리 모양에 두꺼비처럼 생겼음—역자주)였다. 이크티오스테가는 네 발과 허파를 갖춘 최초의 육지 무척추동물이자 사지四肢동물이었다. 이크티오스테가의 객연은 1천만 년간 지속되어 그다지 오래가지 못했지만, 물고기 시대인 데본기(4억 1,600만 년 전에서 3억 5,900만 년 전까지)로 가서 '이크티오스테가'를 더욱 자세히 알아보려고 한다.

저기 나무 그늘에서 꼼짝도 하지 않고 서 있는 1미터 남짓한 동물이 보이는가? 짜리몽땅한 사지, 다섯 발가락, 큰 몸통, 몹시 딱딱한 가슴에다가 목은 있는 듯 마는 듯하다. 이 동물을 보니 엄청나게 큰 도롱뇽이 생각난다. 그러나 총기류總鰭類(고생대 데본기에 나타난 어류군의 하나. 중생대 백악기에 와서 거의 사라졌으나 현재 남아 있는 것으로는 실러캔스가 있는데, 어류와 양서류의 중간적인 성질을 가지며 남아프리카와 마다가스카르 섬 근해에 분포한다—편집자주)에서 발달한 물고기 모양의 이 두꺼비는 어느 쪽에도 속하지 않는다. 그럼에도 이 두꺼비는 가장 오래된 양서류로 물에서 살기도 하고, 뭍에서 살기도 한다.

조심! 이 두꺼비가 어떻게 움직이는지 보라. 특이하지 않은가? 우리 친구는 앞발을 뻗은 다음 가슴을 내밀고 뒷발을 끌어당긴다. 이렇게 나

아가는 것은 애벌레의 전진방식과 비슷하다. 물론 '이크티오스테가' 뒤를 이은 다른 무수한 고등동물이나 두발짐승의 첫 걸음마도 이와 비슷하다. 어쩌면 우리의 양서류 친구와 같은 시대에 살았을지도 모르는 신출내기, 무시무시한 공포영화에 나오기도 하는 이 신출내기를 우리는 경계해야 한다. 라틴어로 '히버톱테루스Hibbertopterus'라고 하는 이 동물은 바다전갈(에우립테리다Eurypterida)에 속하는 절족동물로 가끔 뭍에서 산다. 히버톱테루스는 길이가 거의 2미터나 되고 폭이 약 1미터나 되지만 영화에 나오는 거대한 친척들만큼 빠르지 못하다. 그놈의 집게발을 잘 알지 못해서 우리는 다시 타임머신을 타고 데본기와 작별한다. 어쨌든 이 시기 끝 무렵에 육지 생물에로의 이행이 완료된다. 이제 지금부터 6,500만 년 전에 세계를 뒤흔들어 놓은 사건을 살펴보기로 하자. 이 사건은 한 종의 멸망과 다른 종의 생성에 매우 중요한 의미를 가지고 있다.

거대한 파충류의 섭정-공룡과 그 멸종

거대한 불 폭풍우가 지구 쪽으로 다가온다. 수십억 톤의 암석 파편, 재, 그을음, 그리고 가스가 연기 기둥을 이루어 성층권 가장 높은 곳까지 올라간다. 거대한 먼지 구름과 유독한 유황 구름이 지구를 뒤덮고 구름 융단을 이루어 햇빛, 광선, 열을 차단한다. 살을 에는 듯한 추위가 몰아닥친다. 동식물이 죽는다.

약 6,500만 년 전 크기가 10킬로미터에서 14킬로미터나 되는 소유성小遊星이 초속 15킬로미터로 지구에 내리 꽂힌 후 지구 모습이 이와 같았을지도 모른다. 모든 정황을 종합해 보면 멕시코 유카탄 반도의 칙술루브Chicxulub 분화구가 일찍이 치명적인 우주 파편이 떨어진 곳임을 알 수 있다. 이 우주 파편은 히로시마 원폭의 50억 배나 되는 힘으로 길이 180킬로미터, 깊이 10킬로미터의 분화구를 뚫어놓았다. 이 충돌로 엄청난 지진, 대규모 화산 활동, 전 생태계의 교란이 뒤따라 일어났다. 당시 지구에 살고 있던 원시 동식물의 4분의 3이 죽었다. 그 가운데 특기할 만한 동물은 지구에 군림했던 공룡이다. 그 이전이나 이후의 다른 동물과 달리 공룡은 지구의 지배자로 군림해 왔다. 공룡은 1억 5천만 년간 지구를 지배했다. 공룡의 갑작스런 멸종이 오늘날까지도 무수한 사색과 저술의 주제가 되는 것은 당연하다. 지진, 해수면 변동, 화산 활동 또는 이 세 개 모두가 공룡 멸종의 주원인으로 거론되어 왔다. 그러나 섬뜩한 이론으로 반론을 제기하는 연구자도 있다. 파충류 시대를 전격적으로 종식시켰다고 하는 이론으로는 헤르니아hernia(체내의 장기(내장)가 본래의 부위에서 일탈한 상태로 탈장脫腸이라고도 한다−편집자주), 호르몬의 과잉생산, 교미 흥미 상실, 땅벌레(갑충류의 애벌레−역자주)와의 경쟁, 희귀 바이러스의 침입, 신비한 우주선宇宙線 등이 있다. 어떤 창조론자들은 노아의 방주에 짐 실을 곳이 부족해서 파충류의 왕인 '티라노사우루스 렉스Tyrannosaurus rex'와 그 밖의 공룡이 멸종했다고 한다. 창조론자의 논거에 따르면 당시 노아는 화물칸이 모자라서 땅의 동물과 새만 싣고 거대한 파충류와 소택지 동물은 싣지 못했다고 한다. 그러나 성경에 정통한 과학자조차 이 사이비 신학적 해석에는 쓴웃음을 짓는다. 이런 해석은 소유성 이론과 혜성 이론에 간접증거만 제공할 뿐이다. 소유

성과 지구의 충돌이 없었고 그 여파로써 티라노사우루스 렉스를 비롯해 거대한 파충류가 지구에서 사라지지 않았더라면 인류의 진화는 크게 미루어졌거나 최악의 경우 이루어지지 않았을 것이다. 오늘날 쾰른이나 뮌헨에 공룡이 돌아다니지 않는 것은 순전히 진화의 우연이었을지도 모른다. 공룡이 멸종한 이유는 제쳐두고 공룡이 생존할 수 있었던 이유부터 알아보자. 어떻게 그렇게 큰 동물이 진화되어 나왔을까? 어떻게 그렇게 오래 생존했을까? 이 질문에 답을 얻기 위해 타임머신을 타고 공룡 시대로 날아가서 원시 '쥐라기 공원'의 여러 가지 사건을 자세히 살펴보기로 하자. 정확히 말해서 우리는 과도기인 쥐라기(2억 년 전에서 1억 4,600만 년 전까지)에서 백악기(1억 4,600만 년 전에서 6,500만 년 전까지)를 여행한다. 시기는 잘 선택한 것 같다. 쥐라기에는 주로 큰 공룡이 살았고 백악기에는 온갖 공룡이 살았기 때문이다. 사실 이 시기에는 이루 다 말할 수 없을 만큼 동식물이 많았다. 끝없이 펼쳐진 풀밭, 30미터도 넘는 나무, 빽빽이 뒤덮인 덤불, 이름도 알 수 없는 관목과 버섯, 이상하게 생긴 침엽수, 온갖 크기와 무게의 동물, 그리고 따뜻한 기후 등 외적 조건이 공룡이 전성기를 누리기에 딱 맞았다. 공룡이 얼마나 쾌적하게 느끼고 있었는지 몇 분 전부터 스크린에 나타난 것을 보기로 하자. 지구에서 가장 크고 유명한 육지의 대표적 포식동물인 '티라노사우루스 렉스'(T-렉스)가 스크린에 확대되어 나타난다. T-렉스는 아무런 해도 끼치지 않아서 생방송으로 보거나 직접 보더라도 벌벌 떨거나 무서워하지 않아도 된다. 이 무시무시하게 생긴 싸움 기계는 흔히 할리우드 영화에서 화살처럼 빠른 일급 사냥꾼으로 묘사된다. 그러나 T-렉스가 사냥하는 것을 보면 실망하기 십상이다. 오늘날 능숙한 사냥꾼에게서 기대하는 것처럼 T-렉스는 족제비처럼 잽싸게 먹이를 뒤쫓아 가고 장거리에 두각을 내기는커녕 뜻밖에도 약점을 드러낸다. T-렉스는 최대 시속 50킬로미터로 단거리에는 능하지만, 50미터만 지나면 스퍼트가 끝난다. 이유는 전혀 알 수 없다. 길이가 거의 8미터나 되는 '스테고사우루스 아르마투스Stegosaurus armatus'(조반목 검룡과科의 대표적인 공룡으로 학명은 지붕 도마뱀Dach-Echse임—역자주)를 T-렉스가 게걸스럽게 먹는 모습을 보면 이놈이 역사상 가장 큰 육식 공룡일까 하는 생각마저 든다. 길이 13미터, 무게 7톤에 퇴화된 팔이 어른 키만한 이 파충류의 왕은 뜻밖에도 썩은 고기를 좋아한다.

지구에 출현했던 몸집이 큰 육지 동물은 대개 둔하고 느리고 게으르지만, 공룡은 대개 무게가 약 70킬로그램밖에 안 되는 '데이노니쿠스Deinonychus'(크기가 사람만함—역자주)처럼 작고 족제비처럼 재빠르다. 진화생물학적으로 속屬이 450개, 종種이 550개인 이 거대한 파충류가 지구에서 가장 성공한 종이었다는 것은 분명하다. 이렇게 성공할 수 있었던 이유는 서식하지 않은 데가 없었다는 데 있다. 공룡은 땅 위든, 물속이든, 공중이든 살지 않는 데가 없었다. 예를 들면 육지는 T-렉스 무리가 지배하고, 바다는 척추동물 중에서 눈이 가장 크고(직경 26센티미터) 길이가 15미터나 되는 날쌘 '어룡Ichthyyosaurus'이 지배하고, 공중은 '익룡Pterosaurier'이 지배했다. 특히 공중의 지배자 케찰코아틀루스 노르트로피Quetzalcoatlus northropi(익룡의 일종—역자주)는 믿기 어려울 만큼 능력이 뛰어났다. 이 지배자는 13미터나 되는 날개폭과 뛰어난 시력 덕분에 뛰어난 비

행 선수이자 사냥꾼이 되었다. 이 지배자는 활공과 급강하에 워낙 능숙해서 어떤 먹잇감, 특히 물고기도 그 긴 이빨을 피하기 어려웠다.

진화상 마땅히 특별한 지위를 누려야 할 공룡에 대해 쓰려면 얼마든지 더 쓸 수 있을 것이다. 하지만 결론적으로 말하면 공룡은 종류와 수가 많기만 했지 생존 기간 내내 다양성과 독창성을 발휘하지 못했다. 공룡이 새의 합법적인 후손인지, 오늘날의 새가 공룡의 합법적인 후손인지, 공룡과 새의 공통점과 차이점이 무엇인지, 어떤 양서류가 최초의 알을 낳았는지, 어떤 것이 지구 최초의 파충류인지는 시간이 제약된 여행이라 더는 밝히기 어렵다. 무엇보다도 확실한 증거가 되는 이 시대의 화석조차도 이 문제에 명확한 답을 주지 않는다. 그 대신 공룡의 종말을 한 번 더 살펴보기로 하자. 공룡의 극적인 퇴장으로 새 세상이 열렸고, 다른 종이 패권을 차지했다. 물론 여기서 말하는 다른 종은 포유동물이다. 포유동물은 마지막 대멸종으로 무주공산이 된 세상을 점령했다. 돌이켜 보면 공룡이 멸종한 덕분에 진화는 새로운 길로 나아간다. 충격적인 사건으로 '대멸종'(지질학자와 고생물학자가 세계의 일부 또는 전 세계에 걸쳐 동식물이 대량으로 죽는 것을 나타낼 때 쓰는 용어)이 일어나 파충류 시대가 갑자기 끝나기 때문이다. 지구 역사의 원시 단계나 초기 단계에서는 대멸종이 자주 있었다. 화석 연구 결과에 따르면 지구에는 지난 6억 년간 지질학적 또는 생물학적 대재앙이 적어도 여섯 번 있었고, 그때마다 동식물 종의 (평균) 반 이상이 사라졌다. 그럼에도 장기적으로 보면 자연은 아이러니컬하게도 그런 재앙을 통해 이득을 보고 더욱 복잡한 다음 단계로 넘어갔다. 그렇다. 지금까지의 '대멸종'

은 모두 의도적으로 진화에 기여하고 생물학적 팽창을 촉진한 것처럼 보인다.

결국 외계의 침입자가 공룡을 멸종시켰다. 우리는 그런 일을 겪지 않게 되기를 바랄 뿐이다. 인간은 멸종을 피할 수 있다. 그러나 공룡은 그렇지 못했다.

9장

포유동물의 진군

최초의 포유동물에서 마지막 유인원까지

오늘날에는 포유동물이 많이 살고 있다. 이 종들의 역사는 저마다 탐구할 가치가 있다.

–리처드 포티Richard Fortey

영장류는 특별한 포유동물이고, 인간은 특별한 영장류이다.

–도널드 존슨Donald Johnson

순환

'캄브리아기의 폭발' 이후 지구에는 수많은 동물 종과 속이 나타났다가 사라졌다. 어떤 생명체의 생성과 소멸 또는 동식물의 대멸종은 생물학의 철칙이고, 이 철칙에 따라 생명체는 다양해지고 복잡해진다. 죽음이 새로운 실험의 장을 위한 공간을 늘 마련해주고 진화의 원동력인 돌연변이 능력을 작동시키기 때문에 어떤 종은 다른 종보다 끊임없이 변하는 환경 조건에 더 잘 적응할 수 있었다. 유전자는 돌연변이가 유리한 성질인지 아닌지 결정하지 못했다. 아니, 돌연변이가 어떤 생명체에 이로움을 주느냐 해를 끼치느냐 하는 것은 오로지 환경만이 결정했다. 실제로 다윈의 적자생존 법칙 또는 생존경쟁 법칙은 장기적으로는 더 강한 자만 생존 무대에 살아남는다는 것을 말한다. 물론 강자란 육체적으로 강한 자뿐만 아니라 더 나은 생존 기회를 잡은 자와 경쟁자보자 영리해서 환경에 더 잘 적응한 자를 말한다. 어머니 자연에 용감히 맞서는 데 필요한 도구를 조상한테서 물려받지 못한 자는 대개 낙오했다. 그러나 언젠가 소멸해버린 종이라 할지라도 자기도 모르는 사이에 진화에 크게 기여했다. 어떤 동물이 멸종하면 다음 세대의 번성을 위해 엄청난 순환 과정이 다시 시작되었다. 생물학에서 말하는 생명체에 빅뱅의 결과 생긴 물질을 제공한 원자와 분자는 다시 생성과 소멸이라는 진화의 순환에 적응했다. 낡은 것에서 새 것이 생겨났다.

도둑 같은 '뾰족뒤쥐'의 시간

6,500만 년 전 운석이 지구에 충돌하여 공룡은 수십만 년 내에 완전히 무대에서 사라진다. 공룡은 스스로 체온을 조절하지 못하는 냉혈동물이어서 그 시대의 환경 조건과 온도 변화에 무방비 상태일 수밖에 없고, 그 결과 백악기 말의 기후 대변화에 희생된다. 공룡이 몰락하자 체온을 일정하게 유지하고, 환경으로부터 육체적으로 어느 정도 거리를 둘 줄 아는 동물이 주로 이익을 본다. 섭씨 36도에서 39도로 체온을 일정하게 유지하고 환경의 지배를 덜 받는 '호모이오테르멘Homoiother-men'(정온동물이란 뜻임-역자주) 곧 온혈동물과 새, 포유류가 처음으로 지구에 나타난다. 과학 전문 저술가 호이마르 폰 디트푸르트(1921-1989)는 "이제는 생명체가 환경의 변화를 그저 수동적으로 감수하기를 거부하는 것처럼 보였다"라고 했다.

발견된 화석으로 증명할 수 있는 최초의 '거부자' 가운데 하나는 공룡이 멸종되기 1억 3,500만 년 전에 이미 이 재앙을 피하는 법을 알고 있었다. 가장 오래 된 대표적 포유동물이기도 하고 포유동물 비슷한

것이기도 한 '메가조스트로돈Megazostrodon'은 기후의 강요에 굴복한 마음이 없어졌는지 제 갈 길을 간다. 현재의 뾰족뒤쥐와 생김새가 비슷하고 길이 약 10센티미터에 무게 30그램인 온혈 포유동물이 활동 시간을 밤으로 바꾼다. 이 포유동물은 이런 방법으로 좋아하는 먹이, 특히 작은 곤충과 썩은 고기를 사냥하면서도 그 시대, 곧 쥐라기 초에 군림했던 파충류를 교묘하게 피할 수 있었다. 자기는 먹이를 보면서도 천적 눈에는 띄지 않는 것 곧 거대한 육식 파충류의 사정거리와 시계 밖에 있는 것 이것이 메가조스트로돈의 생존철학이자 생존 전략이다. 그 밖에도 설치류처럼 생긴, 이 시대 포유동물의 선구자는 하나같이 이 원칙을 열심히 본받으려고 애쓴다. 이 동물들은 메가조스트로돈처럼 몸집이 작아서 낮에는 걸핏하면 지천으로 널려 있는 양치식물과 나무에 숨어 있었을 것이다. 굼뜨고 땅을 쿵쿵 밟는 자우로포드Sauropode(초식공룡의 총칭—역자주)가 태고의 원시림을 휩쓸고 다녔기 때문이다. 이 동물들은 항상 자우로포드의 억센 발에 밟혀 죽을 위험을 늘 무릅써야 한다.

진정한 의미에서 진화상의 첫 번째 포유동물은 낮에는 불안스레 숨을 곳을 찾아다니고 밤에는 열심히 활동하는 부지런한 올빼미Nachteule 속屬 동물이다. 글자 그대로 '냉혈'동물인 거대한 파충류가 몹시 추운 쥐라기와 백악기의 밤을 늘 깊은 잠에 빠져 기념 조각물처럼 죽은 듯이 보내는 동안 뾰족뒤쥐 같은 동물들의 시간이 울린다. 그때그때의 주위 온도를 늘 수동적으로 받아들이기만 하고 알을 낳는 동류同類와 달리 이놈들은 밤의 추위에 끄덕도 하지 않는다. 이놈들은 온혈동물이어서 외부 온도에 영향을 받지 않는다. 이놈들은 밤에 돌아다니면서 뻔뻔스럽게도 잠자는 공룡의 보금자리에서 맛있는 알을 뒤지기까지 한다.

거대한 파충류의 뒤를 이은 포유동물

포유동물이라고 해서 다 생존에 유리하지만은 않다. 달리는 데 드는 연소 동력과 건강한 수준의 체온을 유지하려면 비교적 많은 에너지를 비축해야 한다. 먹이를 충분히 발견하지 못한 놈은 종의 존속을 염려해야만 한다. 포유동물의 속성을 제대로 알지 못해서 죽은 놈도 있다. 태고의 공중 지배자인 익룡이 좋은 예이다. 최초의 나는 척추동물인 익룡은 1억 6,500만 년간 공중을 지배한 뒤 전설에 싸인 이카루스Ikarus처럼 치명적인 추락을 경험한다. 어떤 익룡도 백악기에서 고古제3기(기원전 6,500만 년 전에서 2,300만 년 전까지로 팔레오세와 올리고세를 합친 시기-역자주)로 넘어가는 전환기 때의 대멸종에서 살아남지 못한다. 공룡의 종말은 포유동물의 시작을 의미한다. 운석 충돌과 그 여파로 희생된, 땅에 사는 생명체의 90%는 포유동물이 아니고, 반대로 살아남은 10% 가운데는 포유동물이 꽤 많다. 10%밖에 죽지 않은 수중 생물체를 제외하면(바닷물은 열과 불을 막아주는 방벽 구실을 한다), 공룡의 상속재산 관리인이 되었다가 나중에 이 유산을 깡그리 물려받는 것은 바로 생존의 예술가인 포유동물이다. 네 발 달린 야행성 온혈동물인 이 메가조스트로돈 무리의 후계자는 공룡이 사라진 육지의 환경을 최대한 이용한다. 불가사의하게도 대멸종을 모면한 곤충과 작은 동물 덕분에 먹이는 풍부하다. 수

백만 년간 포유동물은 직접 나서지 않고 공룡의 직계 후손이라 해야 할 새한테 관리를 맡긴다. 그러나 어느새 포유동물은 서서히 커지고 종류도 늘어나 약 5,400만 년 전인 시신세(에오세Eocene epoch라고도 하며, 지질시대 구분으로 신생대 제3기를 다섯 개로 구분할 때 그 두 번째에 해당하는 시기를 말한다. 지금으로부터 약 5,300만~5,000만 년 전에 시작되어 약 3,700만 년 전에 끝났다-편집자주)에는 포유동물 역사상 가장 극적이고 중대한 침입이 일어난다. 이 침입은 시신세의 공간을 뒤흔들어놓은 동물학상의 폭발에 이어 일어난다. 폭발 잔향이 잦아들자 온갖 포유동물이 땅과 물을 정복한다. 공중의 지배자와는 거리가 먼 박쥐조차 새의 날갯짓을 본떠서 나는 법을 배운다.

이제 포유동물은 거대한 파충류의 유산에 결정적으로 손을 댄다. 성공적인 모델 티아노사우루스 무리는 여전히 과거일 뿐이고, 파충류의 피상속인은 아직 역사일 뿐이다. 이제 와서 자연은 새로운 것을 실험하고, 온혈동물을 만들어낸다. 이 온혈동물은 우스꽝스럽게 생긴 것에서 무시무시하게 생긴 것까지 모양도 다양하고, 크기도 다양하다. 오늘날 코뿔소만한 모르모트, 여우만한 원시 말, 날지 못하는 3미터짜리 육식성 주금走禽류, 왕뱀, 두 발로 달리는 포유동물, 4미터짜리 악어 등 낯선 원시 생물의 모습은 기괴하기도 하고 인상적이기까지 하다. 이 끔찍한 진열실에서 특히 눈에 띄는 것은 날개달린 거대한 개미류인 '포르미키움 기간테움Formicium giganteum'(신생대 에오세의 거인이라 불렸던 거대 개미-역자주)이다. 날개폭이 16센티미터나 되고 몸길이가 7센티미터인 이 개미를 보면 소름이 끼친다. 수천 마리가 먹구름이 잔뜩 낀 하늘을 날 때는 더욱 그렇다. 그러나 기원전 4천만 년 전 이 개미와 그

밖에 몸집이 아주 큰 동물들은 지구 역사의 짧은 막간극일 뿐이라는 것이 밝혀진다. 마침내 자연은 몸집이 큰 동물을 포기하고 실험을 끝낸다. 이 동물들은 '보통 크기의' 육지 동물과 평균 크기의 포유동물에게 들(벌판을 말함-역자주)을 양보한다. 이 들은 수백만 년 전부터 꽃피는 초지를 제공하고, 앞으로 나타날 무수한 온혈동물 특히, 반추류, 말, 코끼리, 유대류有袋類(척추동물 포유강 후수하강後獸下綱의 한 목目-편집자주)에게 생존을 보장해준다. 재빨리 또 자라나서 먹이를 무진장 제공하는 맛있는 풀이 있어도 이제 초식성 공룡조차 나타나지 않는다. 좌절한 일부 육지 생물과 만족하지 못한 육식동물은 설 자리가 없다는 것을 알고 고향인 바다로 되돌아간다. 이 동물들은 나중에 고래, 돌고래, 바다소 등 지구에서 가장 큰 바다 포유동물이 되어 다시 나타난다. 이와 달리 길이가 25미터나 되는 원시 상어 '카르카로돈 메갈로돈 Carcharodon megalodon'은 바다의 원시 거주자로서 자신의 성질을 잘 살려 바다파충류Meeressaurier가 사라진 자리를 차지한다.

포유동물을 적응력이 매우 강한 생존의 예술가로 만든 어떤 특징 덕분에 오늘날 지구에 살고 있는 포유류는 과科가 136개가 넘고, 속屬은 1,100개가 넘고, 종種은 4,600개가 넘는다.

씹는 기관이 크게 발달한 덕분에 시신세 때 먹이가 크게 늘어났다는 해부학적 사정이 포유동물에게 도움이 된 것은 분명하다. 이때부터 포유동물은 새로 생긴 어금니 덕분에 열매, 가지, 잎, 심지어는 뿌리까지 씹게 된다. 게다가 난자가 자궁에 착상하는 것은 매우 독창적인 발전이다. 난자를 무방비 상태에 노출시킴으로써 후손을 성공적으로 기르는

일을 치열한 경쟁에 내맡기는 대신 자연은 추위, 더위, 지나친 광선으로부터 보호되는 포유동물의 몸속에 성숙한 수정란을 둔다. 또한 자연은 재치 있게도 유선乳腺으로 후손의 영양을 확보하게 한다. 포유동물이란 이름도 어미가 젖을 새끼한테 먹이는 데서 나온 말이다. 포유동물이 대개 가지고 있는 몇 가지 특징 외에 표피도 특별한 역할을 한다. 표피는 체온을 조절하고, 추위와 더위로부터 보호한다. 때로는 위장에 도움을 주기도 하고, 성적 차이를 쉽게 구별하게 해주기도 한다. 오늘날 고슴도치에서 보듯이 표피는 싫은 적이 접근하지 못하게 하기도 하고, 고양이에게서 보는 것처럼 커뮤니케이션에 이용되기도 한다.

보충 설명: 떠도는 대륙

오늘날 연구자들이 한 대륙이 아니라 전 지구에서 공룡 화석을 찾는 이유를 이해하려면 대륙이 떠돈 역사를 간단하게나마 살펴보아야 한다. 최초의 미생물이 출현한 이후 오늘날까지 생명체가 지구에서 놀라울 만큼 다양성, 복잡성, 창조성을 증가시킬 수 있었던 것은 판구조 경과의 직접적인 결과이다. 다시 말해서 페름기(2억 9,900만 년 전에서 2억 5,100만 년 전 년까지)에 대륙(이 대륙에서 나중에 남·북아메리카, 유라시아, 남극, 오스트레일리아, 아프리카가 생성되었을 것이다)이 슈퍼 대륙 '판게아Pangaea'(대륙 이동설에서, 현재의 대륙들이 하나의 커다란 대륙을 이루고 있을 때의 이름으로 독일의 지구 물리학자 베게너가 붙인 이름이다–편집자주)로 융합되었을 때 지구 역사상 마지막으로 동물상의 교환이 활발히 이루어졌다. 에너지를 조달한 동물은 슈퍼 대륙을 떠돌아다니며 종의 확대를 꾀했을 것이다. 그럼에도 시신세 중엽(지금부터 5천만 년 전)부터 동물의 이동은 자기가 사는 대륙에 국한되었다. 그러나 대륙은 수백만 년 전에 다시 떠돌았다. 엄청나게 많은 동식물을 실은 거대한 노아의 방주처럼 각 대륙은 코스를 달리하여 불확실한 운명에 맞서 떠돌았다. 대륙 사이에 있는 넓은 대양도, 바뀐 기후도 동식물한테 특별한 영향을 미치지는 못했다. 다시 고립된 대륙을 고향처럼 여기고 증식에 이용한 포유동물은 더욱 적었다. 오늘날 유일한 동식물상이 많이 남아 있는(60종이 넘는 캥거루와 익살부리는 코알라 등) 오스트레일리아 대륙은 이 발달의 결과를 매우 구체적으로 설명해준다.

초기 영장류에서 유인원에로

약 5억 년 전에 최초의 육지 생명체가, 약 3억 9천만 년 전에 최초의 양서류가, 어림잡아 3억 4천만 년 전에 최초의 파충류가, 그리고 2억 5천만 년 전에 공룡이 나타나고 이어서 최초의 포유동물이 나타났을 때 최초의 영장류는 언제 출현할지 기약조차 없었다. 영장류가 일찍이 존재했을지도 모른다는 것을 보여주는 증거는 없다. 그럼에도 5,400만 년 전 뜻밖에도 최초의 영장류가 나타났다. 영장류의 기원은 백악기까지 거슬러 올라간다. 곤충을 잡아먹던 최초의 영장류 친척인 식충목食蟲目 Insectivora은 백악기에 발견되는데, 이것은 유전자풀로도 입증된다. 식충목에서 새로운 목目 다섯 개 곧 '현대판' 식충동물, 나무두더쥐, 박쥐, 박쥐원숭이가 나오고 마침내 영장류가 나타났다. 이 영장류는 8천만 년

전 식충동물에서 갈라져 나온 후 수백만 년 지나서 비로소 출현했다.

현존하는 18개 포유동물목의 하나인 영장류는 하위목 두 개로 분류된다. 하나는 가장 오래된 화석이 적어도 5,400만 년은 되었을 것으로 증명되는 의후아목Prosimiae이고, 다른 하나는 점신세(3,700만 년 전에서 2,300만 년 전까지)에 나타난 고등 영장류 유인원아목Anthropoidea이다. 분자유전학적 연구에 따르면 '유인원아목'은 이미 700만 년도 더 전에 의후아목에서 갈라져 나와 자신만의 진화의 길을 걸었다. 연구자들은 지금까지 발견된 것 가운데 가장 오래 된 하위목을 3,300만 년에서 2,300만 년 전의 것으로 보고 있다.

고등 영장류는 거의 모두 잡식동물이고, 손가락이 다섯 개이고, 뇌가 크게 발달했다. 이 뇌 덕분에 영장류는 커뮤니케이션을 더 잘 하게 된다. 영장류는 원칙적으로 사회적 동물이지 혼자 사는 동물이 아니다. 그리고 서로 어울려 사는 것이 분명히 더욱 유리하다. 매우 복잡하게 얽힌 영장류는 종이 230개가 넘는데 아직 다 발견되지 않아서 이 수는 더욱 늘어난 것으로 보인다. 여기서 예를 일일이 드는 것은 DNA 분자에서 시작되어 '호모사피엔스'에서 끝나는 인류 발전사를 전부 설명하는 것만큼 무의미할 것이다. 지구를 풍부히 해왔고 지금도 풍부히 하고 있는 모든 영장류와 동물이 적어도 특별히 언급할 만한 가치가 있다는 것은 분명하지만, 일일이 언급하는 것은 시지푸스 왕에게도 가혹한 일일 것이다. 그러나 가상의 동물원에서 영장류를 끄집어내어 소개할 수는 있을 것이다. '피에롤라피테쿠스 카탈라우니쿠스Pierolapithecus catalaunicus'를 보기로 하자. 2003년 전문가들이 바르셀로나 부근에서 이 영장류의 두개골 일부를 발견하여 센세이션을 불러일으켰다. 금시초문이라 하더라도 주눅들 것은 없다. 우리도 얼마 전까지 그 이름을 정확히 몰랐기 때문이다.

어쨌든 피에롤라피테쿠스 카탈라우니쿠스는 지금까지 알려진 호미니드 가운데 가장 오래된 것이고, 오늘날 유인원에게 보이는 전형적인 신체 특징을 많이 가지고 있다. 이 종의 첫 사절은 이미 약 1,400만 년 전에 당시 아프리카 대륙을 정찰했고, 언제인지는 몰라도 유럽을 방문하여 경의를 표했다. 이 시기에 인간을 제외한 오랑우탄, 침팬지, 고릴라가 속하는 유인원이 몸집이 작은 유인원에게서 분리된다. 이 분리 후 유인원의 첫 대표자가 피에롤라피테쿠스 카탈라우니쿠스였다.

침팬지만하고 무게가 35킬로그램인 이 유인원은 척추가 튼튼하고 흉곽이 평평했다. 손가락과 발가락은 후에 나타날 유인원만큼 발달하지 않았으나 능숙하게 기어오르기에는 충분했다. 해부학적 분석 결과 이 유인원은 곧추서서 걸었을 것으로 보인다. 많은 영장류 연구자들은 이 유인원이 단계적으로 직립보행을 했을 것으로 추측한다.

호미니드의 가지는 어떻게 뻗어나가고 어떤 것이 초기 인류의 직접 조상이며 어떤 종이 유인원에서 초기 인류를 잇는 다리의 '잃어버린 고리Missing Link'였나 하는 의문이 당연히 떠오른다. 그런 놈이 존재함에 틀림없다. 유인원과 인류의 공동 조상은 누구일까? 의문이 꼬리를 문다. 그러나 이 질문에는 과학적으로 확실한 답이 없다. 화석 자료가 지금까지 이것에 대해 입을 다물고 있기 때문이다. 고릴라 모습의 '호미니드' 대표자가 공동 조상일 가능성은 없다. 고릴라와 인간은 1천만 년

에서 1,100만 년 전에 발달 계통에서 서로 갈라졌기 때문이다. 중신세 (2,300만 년 전에서 1,400만 년 전까지) 초기나 중기에 살았고 두개골이 크고 꼬리가 없고 앞발이 길다는 점에서 오랫동안 잃어버린 고리로 간주되었던 '프로콘술Proconsul'도, 여러 영장류 전문가의 견해에 따르면, 고려할 가치가 없다. 널리 알려진 유인원인 침팬지도 마찬가지이다. 인간 유전 정보의 98.7%가 침팬지와 일치함에도 외적 차이 곧 유전자 총수에 나타나는 차이를 간과할 수 없다. 유인원은 염색체가 48개이지만, 인간은 46개 '뿐'이다. 대부분의 생물학자는 다른 유인원의 유전질을 모두 분석한 결과 침팬지가 우리 인간과 가장 가까운 친척이라는 것을 근거로 인간과 침팬지의 조상이 같다고 한다. 이 공동 조상은 침팬지와 인간이 서로 갈라져서 완전히 다른 길을 가기 직전인 700만 년 전에 살았을 것이다.

인간은 과거의 흔적을 읽고 이해할 수 있다는 점에서 유인원과 다르다. 우리는 이 점을 양심적인 방식으로 다룬다. 우리는 최근(2007년) 고고학적 발굴 덕분에 침팬지가 적어도 4,300년 전에 돌로 호두를 쪼갰다는 것을 안다. 놀랍지 않은가? 침팬지가 수백만 년 전에 이 기술을 터득하고 계속 발전시켰다면 어떻게 되었을까? 그러면 침팬지와 그 후손이 오늘날 우리 집 안방에 들어앉아 책을 읽기도 하고 모든 존재의 생성과 소멸에 대해 무언가 끼적거리고 있을지도 모른다.

10장

인류의 탄생

초기 인류에서 네안데르탈인까지

인간되기의 시작은 큰 뇌가 아니라 직립보행이다.

−프리데만 슈렝크Friedemann Schrenk

그러나 인류의 진정한 연구대상은 인간이다.

−요한 볼프강 폰 괴테Johann Wolfgang von Goethe

직립보행에로의 걸음

원숭이 같이 생긴 세 사람이 갓 형성된 재로 뒤덮인 사바나를 발을 질질 끌며 힘겹게 걷는다. 어깨에는 몇 시간 전 사투 끝에 잡은 짐승이 무겁게 얹혀 있고, 뙤약볕이 인정사정없이 내리꽂히고 있다. 목이 타들어가고, 검게 탄 피부에서 땀방울이 줄줄 흘러내린다. 한 걸음 옮길 때마다 고통스러워하고, 숨을 몹시 헐떡인다. 그러나 곧 쓰러질듯하면서도 시원한 물을 마실 수 있고 맛있는 음식을 먹을 수 있다는 기대에 부풀어 모든 어려움을 견딘다. 짐승 고기를 꽉 움켜쥔 채 눈을 들어 그다지 멀리 떨어져 있지 않은 그늘 진 동굴을 바라보며 축축한 화산재를 헤치고 기계적으로 저벅저벅 걸어간다, 그들이 뒤에 남긴 발자국이 언젠가 세계사에 중대한 의의를 지닌 화석이 되리라고는 꿈에도 생각하지 않은 채.

수백만 년 후 미국의 지구화학자 폴 아벨Paul Abell은 오늘날 아프리카 탄자니아의 래톨리Laetoli에서 초기 인류 세 사람의 발자국을 발견하고, 이 세 사람을 최초의 '호모사피엔스사피엔스'(오늘날 살아 있는 인류의 최초인)로 간주한다. 1978년 발굴 당시 아벨은 호미니드의 크고 작은 발자국 69개가 27미터에 걸쳐 연속되어 있는 것을 발견한다. 아벨은 이 발자국을 꼼꼼히 분석한 후 다음과 같은 각본을 짠다. 태고에 가까이 있는 화산이 폭발한 직후 세 사람은 평균 초속 1미터로 잿더미를 헤치며 남쪽에서 북쪽으로 걸어갔다. 중간쯤에서 무슨 이유에서인지 잠시 걸음을 멈추고 서쪽을 바라본 후 다시 목표를 향해 계속 걸어갔다.

네발 달린 원숭이과의 대표자와 달리 옆으로 벌어져 있지 않고 거의 일자로 다른 발가락과 붙어 있는 발가락과 발꿈치가 잿더미 속 깊숙이 빠져 있다는 것은 이 발자국이 지금까지 발견된 발자국, 직립보행을 한 호미니드 발자국 가운데 가장 오래 된 발자국임을 증명한다. 실제로 화산 암석을 방사능 측정 한 결과 이 발자국이 360만 년 전 것임이 밝혀졌다. 인간되기 과정에서 뇌의 용량이 커지고 도구를 처음 만들기 훨씬 이전에 원인猿人들은 일찍이 직립보행의 장점을 발견했다.

360만 년 후인 오늘날 인류의 기원, 생성사, 발달을 연구하는 학문인 고인류학의 연감 한 페이지를 이 발자국 발견 장소인 래톨리에 할애하는 것은 당연하다. 특히 이곳에서 이 시대 온갖 척추동물의 발자국이 10,000개나 발견되었다는 점에서 더더욱 그러하다. 이 발자국은 1939년 독일의 인종학자 루드비히 콜라르센Ludwig Kohl-Larsen이 래톨리에서 발견한 이빨 두 개, 따로 떨어진 송곳니 한 개가 있는 윗턱 조각과 마찬가지로 손상되지 않은 채 수백만 년간 보존되었다. 발견된 초기 인류의 화석 뼈 목록은 1974년에 발견된 두개골 몇 조각과 그 밖

의 견본을 합쳐 30개로 늘어났다. 이 뼈들을 형태학적으로 분석하고 연대를 측정한 결과와 퇴적층을 지질학적으로 연구한 결과는 래톨리 발자국의 연구 결과와 일치한다. 이것들은 모두 약 360만 년 된 것이고, '오스트랄로피테쿠스 아파렌시스Australopithecus·afarensis'가 동아프리카에서 전성기를 보낸 시대의 것이다. 이 종은 400만 년 전에 역사의 어둠에서 나타나 호미니드 가운데 가장 오래 검은 대륙을 지배하다가 300만 년 전에 다시 역사의 어둠 속으로 사라졌다. 1974년 에티오피아 하다르Hadar의 퇴적층에서 이 종의 유명한 대표자 루시Lucy(오스트랄로피테쿠스 아파렌시스의 대표적인 원인 화석으로 몸 전체의 40%가 보존되었음-역자주)가 발굴되어 오스트랄로피테쿠스 아파렌시스가 직립보행을 했다는 명제를 간접적으로 증명했다. 이 뼛조각과 발자국은 루시가 죽을 때 키는 105센티미터이고 나이는 적어도 25세라는 것과 오스트랄로피테쿠스 아파렌시스가 네발짐승에서 두발짐승으로 돌이킬 수 없는 도약을 완성했다는 것을 보여준다. 두개골이 원숭이 두개골과 비슷해서 겉보기에는 사람 같지 않지만. 해부학적으로는 원숭이와 완전히 다르다. 사지의 구조가 오늘날 인간과 크게 다르지 않고 어떤 때는 옛 습관에 빠져 손으로 기어오르기도 했으나 대부분의 시간을 두 발로 걷고 뛰었고 더욱 자주, 오래 그렇게 하다가 나중에는 두 발로 걷고 뛰었기 때문이다.

그러나 이런 학습의 결과가 바로 선택에 유리하게 작용하지는 않았다. 두 발로 걷고 서는 능력이 빽빽하게 뒤덮인 태고의 열대 숲에서는 효과가 별로 없었기 때문이다. 늦어도 1천만 년 전에서 500만 년 전 기온이 떨어져 열대 숲이 줄어들고 초기 인류가 숲 가장자리나 사바나에서 서식지를 구했을 때인 중신세에는 새로운 두 발 생활방식의 장점이 확실히 드러났다. 이때부터 '오스트랄로피테신Australopithecinen'은 발의 잠재력을 충분히 이용했다. 오스트랄로피테신은 넓은 사바나 지역을 서서 휙 둘러보는 법, 더 빨리 더 오래 달리는 법, 아이와 먹이를 한 손으로 운반하는 법을 배웠다.

침팬지와 고릴라가 습기 찬 우림에서 동아프리카를 남북으로 관통하는 서쪽의 큰 지구(地溝)로 돌아갔을 때 최초의 호미니드는 나무가 없는 초지와 사바나가 점차 넓게 펼쳐지는 동쪽으로 나아갔다. 판구조와 화산이 활발히 작용하는 이 건조한 지역에서 (적어도) 6종의 오스트랄로피테신이 (오늘날 우리가 말하는 의미에서의) 발을 이용하고, 발의 달리는 성질을 더욱 발전시켰다. 그러나 이동 수단이 달라졌음에도 오스트랄로피테신의 거주 모습이 근본적으로 달라지지는 않았다. 직립보행을 해도 뇌가 커지지는 않았다. 오스트랄로피테신은 어림잡아 약 100만 년 전에 혈통이 끊어져 멸종했다. 오스트랄로피테신이 석기를 개발하거나 어떤 형태의 예술도 발전시키지 않았다는 것만은 분명하다.

후기 호미니드 종은 사지를 이용하여 도구를 만들 줄 알았고, 생각한 대로 동작을 통제할 줄 알았다. 엄지손가락을 다른 손가락과 따로 움직일 수 있었기 때문이다. 이들의 손은 효율적인 도구가 되었고, 이들은 곧 효율적인 도구를 만들었다. 루시의 '이복형제' 곧 원숭이, 의후아목, 유인원이 특히 중앙아프리카와 서아프리카에서 네 발을 이용해 가지에서 가지로 건너뛰어 다니는 동안 다른 많은 호미니드 종도 오스트랄로피테신과는 별도로 발의 걷는 기능을 완성했다. 직립 보행을 하게 된 덕분에 초기 인류는 생물학적 진화에 큰 걸음을 내디뎠다.

복잡한 계통수

1980년대 초까지만 해도 인류사의 옛 계통수가 확고히 뿌리를 내린 것처럼 보였다. 연구자는 가지 하나하나에 익숙했고, 뼈 발굴물이 별로 없어서 가지도 새로 생겨나지 않았다. 옛 계통수는 한눈에 이해할 수 있다는 점에서 설득력이 있었다. 옛 계통수에 따르면 몇몇 다른 종이 동시에 같은 생태적 지위를 차지하여 공존하는 일이 없이 진화는 영장류에서 호미니드를 거쳐 오늘날의 인류까지 직선으로 이루어졌다. 정신적, 신체적 진보는 모두 하나의 주된 발전 계통 내에서 일어났고, 한 단계씩 차례로 올라갔다. 다시 말해서 원숭이에서 유인원으로 진화하고 유인원에서 '호모' 속屬 곧 처음에는 '호모 하빌리스'가, 나중에는 '호모 에렉투스'로 진화했다. 오늘날 가장 유명한 하위 종 둘, 곧 '호모사피엔스'와 '호모사피엔스 네안데르탈렌시스'는 여기에서 생겼다. 어쨌든 오늘날 백과사전과 교과서에는 대개 그렇게 나와 있다.

열매를 잘 맺는 계통수를 좋아하는 인류학자들이 그 사이에 계통수 대신 가지가 많은 무성한 '계통 관목Stammbusch'을 심었다. 이 계통 관목은 아직도 자라고 있다. 곧장 '호모사피엔스'에 이르는, 일방통행로 같은 직선적인 연속적 진화라는 꿈은 깨어졌다. 인류의 역사는 이제껏 가정해온 것보다 사건도 더 많고 종도 더 많고 무엇보다도 더욱 오래된 것으로 밝혀졌다. 오늘날까지 많은 전문가들이 호미니드 종의 정확한 수에 대하여 의견의 일치를 보지 못하고 있다. 계통 관목에 달린 가지가 다섯 개일까? 열 개일까? 스무 개일까? 아니면 더욱 많을까?

1950년대에는 100종이 넘는 호미니드가 전문 문헌에 오르내렸다. 그 가운데서 가장 오래 된 대표자는 최고 100만 년 전에 살았다고 한다. 전문가들은 1960년대에는 가장 오래 된 유인원이 200만 년 전에 살았다고 보고, 1970년대에는 300만 년 전에 살았다고 본다. 지금은 까마득히 먼 옛날의 호미니드 화석이 발견되어 최고 연대가 700만 년 전으로 거슬러 올라간다. 따라서 계통 관목의 덤불이 속이 들여다보이지 않을 만큼 무성하게 자란다고 해서 놀라서는 안 된다. 이제 아프리카에서 발견된 무수한 화석을 근거로 '인류'의 역사를 설명할 수 있기를 기대하고 있다.

내친 김에 화석 이야기를 좀 더 하자. 인류의 진화에 대해 무언가를 밝혀줄, 까마득한 과거의 돌 증거물을 생각하면 절망감이 든다. 예를 들어 지난 300만 년의 인류 역사를 살펴보면 이 시기에 옛 조상이 살았다는 것을 소급해서 추론케 해주는 호미니드 화석은 150만 년간 단 하나도 존재하지 않는다. 믿기 어려운 말이지만 인류학자의 큰 지그소 퍼즐(짜맞춘 그림)에는 잠재적 화석 발굴물의 99.99%가 존재하지 않는다. 0.01%만 무수한 박물관, 개인 수집가, 연구 실험실의 유리 진열장에서 까마득히 먼 시대를 증언해주는 돌로 된 증거로써 관심을 끈다. 피상속인도 이것을 기뻐했을까? 어쨌든 발굴된 이빨 조각과 뼛조각이 너무 적어 고인류학자는 해골 하나로 100세대를 재구성해야 한다. 그러나 발굴의 공백은 불가피하다. 유감스럽게도 화석은 시간적, 공간적 관점에서 고르게 분포하는 버릇이 없기 때문이다. 화석이 없다는 것이 어떤 종이 존재하지 않았다는 증거가 되지 못한다는 것도 명심해야 한다. 지구에 살았으면서도 화석을 남기지 않은 종도 많을 것이다. 우리는 그런 종을 알지 못한다. 어디에 묻혀 있는지 모르기 때문이다.

중상을 일삼는 사람은 인류 초기 역사의 모든 증거를 커다란 상자에 넣어 한꺼번에 보내버릴 수 있다고 한다. 우리가 어디로 여행하고 있는지 한 번 더 물어보라. 아마 진짜 뿌리 곧 두개골이 발굴되고 일찍이 모든 것이 시작된 아프리카로 갈 것이다. 아프리카 대륙이 인류의 요람이라는 것과 우리 모두가 진화지리학적으로 아프리카인이라는 것은 고인류학에서 논란의 여지가 없는 사실이다. 전문가들은 대개 과거에 매우 떠들썩하게 토의 되었던 이른바 '탈아프리카Out of Africa' 기원 모형을 단 하나의 옳은 모형으로 간주한다. 그러나 인류가 아프리카 이외의 곳에서 유래했다는 것을 보여주는 화석 발굴물은 실제로 호미니드가 살았던 기간의 반이 넘는 동안 하나도 발견되지 않고 있다. 가장 오래 된 초기 호미니드 화석이 아프리카에서 발굴되었다는 것은 당연하다. '사헬란트로푸스 차덴시스Sahelanthropus tchadensis'(차드에서 발굴된 옛 사람)는 최고最古의 인류 목록 열 개 중 한 자리를 차지한다. 연구자는 2001년 차드 북쪽 드주라브Djurab 사막에서 발굴된 뼛조각을 700만 년 전의 것으로 보고 있고, 이 뼛조각을 분석한 결과 사헬란트로푸스 차덴시스가 최고의 인류답게 직립보행 연습을 하기도 하고 용감히 두 발로 달리기도 했다는 것을 밝혀냈다. 공교롭게도 사헬란트로푸스 차덴시스가 전성기를 누리고 직립보행을 실험할 때 원숭이 종과 인간 종은 인간되기 계통 관목에서 호미니드로부터 갈라졌다. 수십만 년 후 침팬지의 일종이 같은 흉내를 냈는데 이 종은 나중에 '오로린투게넨시스Orrorintugenensis'라고 불렸다. 600만 년 된 이 종의 대퇴부 뼈는 오로린투게넨시스가 해부학적으로 두 발로 이동할 수 있었다는 것을 증명한다.

생각하고 말하는 '재주꾼'

호미니드가 진화하는 동안 다양한 속과 종이 공간적으로나 시간적으로 함께 어울려 살았다. 한 종이 서식지를 독차지한다는 원리, 생태학의 유명한 경쟁 배제 원리는 동물 세계의 불문율일지 모르지만 인간되기 과정에는 결정적 영향을 미치지 않았다. 우리 조상들이 대개 의식적으로 서로 경쟁하지 않으면서 공존했기 때문이다. 난폭한 싸움은 거의 없었고, 전쟁은 사치였다. 비축된 에너지를 모두 종을 보존하는 데 써야 했기 때문이다. 그럼에도 많은 종의 평화로운 공존이 죽음으로 끝나기도 했다. 유전질에 돌연변이가 일어나지 않거나 결함이 있어서 소멸되기도 하고 기후 급변, 적응력 부족, 불충분한 영양 때문에 소멸되기도 했다. 이런 점에서 네안데르탈인의 운명은 독특하다. 네안데르탈인은 동포인 '호모사피엔스'와 평화롭게 자주 접촉했음에도 진화생물학적으로 불리한 역을 맡아서 지구에서 영원히 사라졌다. 호모 하빌리스도 마찬가지이다. 호모 하빌리스는 약 250만 년 전 호미니드로 출현하여 적어도 수십만 년 동안 아프리카 사바나 생활을 견뎌냈음에도

110만 년 후 다른 종에게 자리를 양보해야 했다.

호모 하빌리스는 호미니드 진화 과정에 활기를 불어넣은 능력 두 개로 두각을 나타냈다. 하나는 처음으로 간단한 석기를 만들었다는 것이고, 다른 하나는 처음으로 여러 가지 소리를 내었다는 것이다. 호모 하빌리스의 두개골을 연구한 결과 호모 하빌리스가 적어도 해부학적으로나 신경학적으로 언어 능력과 소리 능력을 가지고 있다는 것이 밝혀졌다. 언어 형성에 중요한 역할을 하는 부분 두 개가 뇌에 만들어진 덕분에 호모 하빌리스는 적어도 원시 기준으로는 똑똑히 발음할 수 있었다. 유감스럽게도 당시에는 녹음테이프가 없어서 호모 하빌리스가 어떤 말을 했고, 주고받은 정보가 얼마나 수준 높은 것이었는지 모른다. 오스트랄로피테신과에서 나온 조상과 달리 뇌 용적이 약 650세제곱센티미터로 오스트랄로피테쿠스 아파렌시스보다 30%쯤 커서 의도한 대로 소리를 낼 수 있었던 호모 하빌리스는 재빨리 간단한 정보를 전달할 수 있는 장점을 가지고 있었다.

'호모 에렉투스'(직립원인)가 더욱 발전시키고 호모사피엔스가 완성한 언어가 등장함으로써 진화는 인간되기 과정 중에 있는 인간에게 정보, 사상, 감정을 교환하기 위한 최상의 도구를 마련해 주었다. 최초 언어의 시작이 뇌의 발달과 직접 연관이 있다는 것은 의심할 여지가 없다. 언어는 청각을 발달시켰다. 홍적세 이래 곧 약 200만 년 전부터 뇌 용적이 더욱 커지고 신경망이 더욱 발달하여 인간 뇌의 능력이 향상되었기 때문이다. 자연선택 원리에 따라 언어는 통제된 소리에서 뜻이 있는 말, 더 정확히 말하자면 규칙적인 문장으로 도약했고, 이에 따라 피드백 효과 또는 시너지 효과가 생겼다. 다시 말해서 진화 과정에서 언어를 만들어낸 뇌로 무장한 호모 하빌리스는 언어 경험 덕분에 뇌 용적이 더욱 커졌다. 호모 하빌리스가 더욱 많이 소비하게 된 동물 고기 형태의 단백질 공급이 늘어나 뇌 용적이 증가하고, 더욱 커진 뇌는 단백질 공급을 더욱 많이 필요로 했다. 인간의 진화, 아니 모든 생물학적 진화는 이런 피드백을 고려하지 않고는 이해될 수 없다. 어떤 것이 다른 것을 야기하고, 이것이 또 어떤 것에 영향을 미친다. 어떤 원인이 작용하여 다른 작용을 일으킨다. 최초의 석기를 만드는 데도 이 원리가 적용되었다. 말하자면 석기를 제작함으로써 사고력이 향상되고, 사고력이 향상됨에 따라 돌로 도구를 더욱 많이 만들어냈다. 고고학자들이 올도완Oldowan 산업이라고 이름 붙인 산업이 생겨났다. 고고학자들은 오늘날 탄자니아의 올도완 협곡(200만 년에서 250만 년 된 퇴적층)에서 지금까지 발견된 것 가운데 가장 오래 된 석기를 대량으로 발견했다. 이 석기를 제작한 종이 호모 하빌리스일 것으로 보고 있다.

의식과 '자의식'의 생성

역사에는 영원히 풀리지 않는 수수께끼가 있다. 자기가 죽어야 하는 존재임을 처음으로 의식한 사람은 누구이고, 처음으로 별을 바라본 사람은 누구이고, 세계의 기원을 곰곰이 생각한 사람은 누구이고, 모든 존재의 제1원인을 두고 온갖 추측을 한 사람은 누구였을까? 처음으로 자의식을 발전시키고 자신의 존재 의의의 배후를 탐지한 사람은 누구였을까? 그런 사고의 창조자는 호모 하빌리스의 대표자였을까, 호모 하빌리스의 동료이자 후에 나타난 호모사피엔스의 조상인 호모 에렉투스의 대표자였을까(두 종은 거의 50만 년간 같이 존재했다)?

거의 모든 현존 화석은 약 150만 년 전 호모 에렉투스가 문화적 행동을 실행하고 사냥 기술을 개선하고 도구를 대량으로 생산하는 것을 배우던 때에 의식이 처음으로 생겼다는 것을 간접적으로 증언하는가? 그런 행동을 하려면 최소한의 추상적, 계획적 사고가 필요하다는 점에서 호모 에렉투스는 어느 정도 의식을 가졌을 것이다. 실상은 다음과 같다. 약 150만 년 전 호모 에렉투스가 불 다루는 법을 배워 효율을 최대화하고(이것은 분명히 높은 지력을 전제로 한다) 호모 하빌리스가 시작한 언어 경험을 더 큰 뇌 덕분에 더 높은 수준으로 끌어올려 능숙하게 의사소통을 했을 때 이것은 뇌의 그물화와 정신과 의식의 융합에 직접 영향을 미쳤다. 특히 자의식의 생성은 뇌의 그물화에서 영향을 받았다. 다행히도 이것은 인류 역사에서 가장 중요한 것이라고 해도 좋을 시너지 효과를 가져왔다. 말하자면 생각하는 인간이 처음으로 의식적으로 자신의 사고와 행동을 숙고하기 시작했다. 17세기 프랑스의 철학자 르네 데카르트가 말한 '나는 생각한다. 그러므로 나는 존재한다'는 명언을 호모 에렉투스는 데카르트처럼 정교하게는 아니더라도 이미 100만 년 전에 내면화했다.

이 새로운 종이 당시 아프리카 어느 구석에서 왔느냐는 것과 이 종이 호모 하빌리스나 '호모 루돌펜시스Homo rudolfensis'(이 종은 250만 년 전에서 180만 년 전에 아프리카에서 살았다)의 조상이냐 아니냐 하는 것은 여전히 수수께끼이다. 약 40만 년 전 이 종은 이 수수께끼와 함께 소멸되었다. 어쨌든 케냐, 자바(자바인), 에티오피아, 북경 교외(북경인)에서 발견된 뼈 유물은 200만 년 전에서 150만 년 전의 초기 호모 에렉투스('호모 에르가스터 Homo ergaster'라고도 한다)가 그들의 조상보다 이동을 좋아했다는 것을 증언한다. 우리 시대의 평균 대표자보다 힘이 세고 키가 최대 180센티미터나 되는 호모 에렉투스는 눈이 불거지고 이마가 거의 수직이고 머리가 납작해 볼썽사납게 생겼다. 이 종의 아프리카, 아시아 대표자(남아프리카, 케냐, 중국, 이스라엘, 인도, 베트남에서 이 종의 화석 유물을 발견했다)는 150만 년 전에서 30만 년 전에 먼 곳에서 행운을 구했다. 이 종이 오늘날 미인대회에 참가했더라면 틀림없이 형편없는 점수를 받았겠지만, 유치한 도구로 불을 피우고 재빨리 손도끼를 만드는 유일한 사람이라는 점에서는 점수를 땄을 것이다.

가슴에 손을 얹고 곰곰 생각해 보라. 우리들 가운데 누가 선사 시대의 석기(아마 여러분은 한 번도 사용하지 않을 것이다) 만드는 것은 고사하고 라이터나 성냥 없이 난로나 캠프파이어 장작더미에 불을 붙일 수 있겠는가? 우리 조상의 조상인 호모 에렉투스는 우리의 형편없는 수렵채취 능력과 서투른 동작을 보고 고소를 금치 못했을 것이다. 이런 관점에서 보면 80만 년 전에서 40만 년 전에 특히 오늘날의 프랑스, 영국, 스페인, 독일에 살았던 호모 에렉투스 곧 '호모 하이델베르겐시스Homo heidelbergensis'는 빙그레 웃을 이유가 더 많았을 것이다. 호모 하이델베르겐시스는 교활한 사냥꾼이어서 석기, 창, 단도 같은 것을 들고 당시에는 언제나 넘쳤던 큰 야수를 사냥했다. 큰 무리를 지어 사냥하던 원시 사냥꾼들은 나이가 들어감에 따라 더욱 정교한 사냥 기술을 발전시켰다. 이 사냥 기술은 나무창, 뼈창으로 코뿔소, 하마, 코끼리, 심지어는 사자 같은 큰 육식동물을 여럿이서 죽이는 데 성공했을 때 절정에 이르렀다. 이미 불어난 야생동물을 소비하고 있던 호모 하빌리스와 비교해 볼 때 호모 에렉투스는 육식가 역할은 꽤 좋아했으나 식도락가 역할은 그다지 좋아하지 않았다. 호모 에렉투스의 창에 걸려든 놈은 모두 굽혀져 식량으로 사용되었다. 원시 시대의 호사스러운 술자리에 놓인 내장, 비계, 살코기를 보고서 이 채식주의자는 그다지 탐탁하게 여기지 않았을 것이다. 우리 관점에서 보면 당시 음식은 맛이 별로 없었을 것이고, 따라서 채식과 육식을 병행한 것은 인류가 계속 진화하는 데 매우 중요한 역할을 했을 것이다. 급격히 늘어난 단백질 공급 덕분에 호모 에렉투스의 뇌 용적은 육류를 좋아한 호모 하빌리스의 뇌 용적보다 커졌고, 마침내 훨씬 더 커졌다. 지속적으로 동물성 단백질을 섭취한 덕분에 호모 에렉투스는 뇌 용적이 1,100세제곱센티미터에서 1,300세제곱센티미터로 커졌다 (나중에 나타난 호모사피엔스의 뇌 용적은 1,450세제곱센티미터이다). 육류를 많이 섭취한 것이야말로 인간 의식 형성의 물질적 기초였다. 호모 에렉투스가 식물과 과일만 좋아했더라면 아마 우리는 오늘날에도 활과 화살을 들고 점심용 고기를 사냥해야 할 것이다. 그렇지만 호모 에렉투스가 발전시킨 칼날 기술 덕분에 그렇게 하지 않아도 된다. 적어도 150만 년 된 석기(호모 에렉투스가 사용한 최초의 석기)가 이미 완벽한 대칭을 보여준다. 석기가 완벽히 대칭을 이루고 있는 것은 이런 형태를 만들어 내야겠다는 의식적이고도 계획된 행동의 결과이다. 연구자들이 쇠닝엔Schoeningen

갈탄 채굴장에서 발굴한 40만 년 된 나무창도 마찬가지이다. 끝이 양면 능형菱形이고 가문비나무로 만들어진 이 2.5미터짜리 창은 큰 야생동물 사냥에 아주 적합했다는 것을 실증했다. 이 점에서 지속적인 단백질 공급은 호모 에렉투스의 뇌 용적 증가를 보증했다.

호모 에렉투스가 언어를 사용해서 하는 '걸음마 연습'을 한 번 더 살펴보기로 하자. 구석기 시대 초인 180만 년 전 호모 에렉투스가 말로 의사소통을 조금 할 수 있었다는 것은 같은 시대의 두개골 화석이 잘 증명한다(두개골 내부에 브로카Broca 영역[대뇌의 좌전하부에 있으며 운동성 언어 중추가 있는 곳-역자주]이 발달한 흔적이 나타나 있다). 브로카 영역은 베르니케Wernicke 영역(상측두회의 후측 부분에 위치한, 언어이해에 중요한 역할을 하는 부위-역자주)과 함께 초기 인류나 현대인의 언어 중심지를 형성한다. 처음에는 호모 에렉투스가 속으로 갈고 다듬은 생각을 말로 잘 나타내지 못했을 테니 분명히 어휘가 제한되어 있었을 것이다. 그러나 적어도 호모 에렉투스는 호모 하빌리스보다 더 잘, 그리고 더 정확히 생각을 말로 나타내고 일상생활의 상황을 상세히 설명하기 위해 '말을 관장하는' 기관인 설골舌骨을 발달시키려고 노력했다. 그때 생긴 자연음Naturlaute, 소리, 말은 당연히 서정시, 산문, 문법과는 관련이 없었다. 그럼에도 호모 에렉투스는 후에 다른 호미니드가 축적하고 갈고 다듬어 마침내 완벽하게 만든 언어의 초석을 놓았다.

언어의 발달은 인류의 진화에서 맹목적인 유전자 로또가 생성과 소멸을 결정하지 않았다는 것을 보여주는 전형적인 예이다. 불문율인 다윈의 '적자생존 법칙'의 지배를 받은 모든 호미니드 종이 때때로 우연

적인 돌연변이로 득을 보았다 하더라도 인류의 진화는 그 문화적 능력과 관련이 있다. 원시인은 새로운 돌연변이가 자신의 미래에 적극적으로 영향을 미칠 때까지 기다리지 않고 자신의 운명을 받아들이면서 정신, 기술, 생존 의지를 이용해 바뀐 환경에 최선을 다해 적응했다. 이것을 잘 보여주는 예가 1856년 뒤셀도르프-메트만Mettmann 부근에서 발견된 전형적 원시인 호모 네안데르탈렌시스라는 것은 확실하다. 옛 유럽에 오랫동안 보였던, 상승일로에 있는 호모사피엔스와 무수히 접촉한 것이 자신보다 호모사피엔스에 더 도움이 되었다 하더라도 호모 네안데르탈렌시스는 당시 자주 바뀌던 기후에 항상 적응했다. DNA 분석이 보여주는 것처럼 상승일로에 있는 종의 대표자인 호모 네안데르탈렌시스는 결코 현생인류의 직접 조상은 아니었다. 그러므로 우리는 호모 네안데르탈렌시스를 별로 언급하지 않을 것이다(호모 네안데르탈렌시스어, 부디 용서해 주기를). 13만 년 전 호모 네안데르탈렌시스가 역사의 어둠을 헤치고 아프리카에 처음 나타나서 아시아 대륙과 유럽 대륙에 발을 디뎠을 때 10만 년간 지속된 성공 모델이 시작되었다. 그런데도 25,000 년 전 마지막 호모 네안데르탈렌시스가 소멸되었다. 소멸된 이유는 여전히 확실하지 않다. 어쨌든 네안데르탈인은 지력과 창조력 덕분에 크게 성공했다. 네안데르탈인은 사자死者를 숭배했고, 장신구를 만들었으며 뛰어난 도구와 효율적인 사냥 무기를 사용했다. 게다가 의식과 언어 지능을 가지고 있었다. 막스 플랑크 연구소 소속 진화인류학 유전학자가 2007년 라이프치히에서 발견한 것처럼 네안데르탈인은 현대인과 같은 언어 유전자의 이형異形을 가지고 있었다. 실제로 지금까지 알려진, 언어를 담당하는 유일한 유전자 FOXP2 유전질의 일부는 네안데르탈인과 현대인이 똑같다. 호모 네안데르탈렌시스는 신과 세계에 대하여 이야기했다는 유전학적 전제조건을 충족시켰다. 호모 네안데르탈렌시스가 실제로 그렇게 했느냐 안 했느냐는 것은 인류 역사의 수수께끼 가운데 하나이고, 이것에 대한 답은 없다.

창조적, 정신적 도약

호모사피엔스에서 최초의 지식 폭발까지

인간은 원래 혹독한 추위, 갈증, 굶주림에 시달리고 불안과 고독으로 괴로워하는 벌거벗은 원숭이였다. 그러나 인간은 지식을 이용하여 지구를 정복했다. 나는 우주의 다른 생명체들이 초조한 마음으로 인간의 도래를 기다리고 있었으리라고 생각한다.

-찰스 반 도렌Charles van Doren

말이 없고 문자와 책이 없으면 역사도 없고, 인류라는 개념도 없다.

-헤르만 헤세Hermann Hesse

'창조적' 폭발

4만 년 전 쯤 빙하기 유럽 어디에선가 예기치 못한 일, 믿기지 않는 일이 일어났다. 다시 말해 우주가 대폭발 할 때와 달리 소리도 없이 완전히 새로운 시대가 시작됨을 알리는 제2의 빅뱅이 세계를 뒤흔든다. 이폭발은 창조적, 문화적 폭발이어서 이전 폭발과는 성질이 완전히 다르다. 또한 이미 존재하는 공간, 이미 규정된 시간에서 일어난 폭발이다. 성숙한 인류의 기술적, 과학적 진화를 위한 초석을 놓은 폭발이기도 하고, 새 의식의 지평을 열어준 폭발이기도 하다.

호모 하빌리스의 합법적 후손인 전설적인 네안데르탈인이 약 6만 년 전 유럽 대륙에서 수렵채취인으로 생존을 위해 투쟁할 때는 손재주로 먹고사는 것이 고작이었으나, 호모 에렉투스의 합법적 상속자인 신참자는 여태껏 익숙하지 않았던 사치를 누린다. 언제부턴가 이 신참자는 먹고사는 일을 초월한 것, 그저 장식품으로 쓰이는 것, 순수한 삶의 기쁨을 표현한 것을 만든다. 말하자면 무기나 생필품이 아니라 예술품을 느닷없이 만들려고 한다. 동물상을 만들거나 동굴 벽

화를 그리기도 하고, 악기를 만들거나 단순한 목걸이를 만들어 보기도 한다. 해부학적으로 최초의 현대인인 '호모사피엔스'는 놀랍게도 예술품을 만든다.

지난 10년 간 고인류학자와 고고학자는 놀라운 창조적 폭발의 증거를 남독일에서 찾아냈다. 이 증거는 우리 직계 조상의 뇌가 네안데르탈인의 뇌보다 작지만 뇌의 망조직이 훨씬 더 발달했다는 것을 잘 보여준다. 구멍 뚫린 뼈 구슬, 동물 이빨, 상아 장식품, 그리고 매머드, 사자, 곰 같은 온갖 동물상 등 발굴된 원시 시대 수공예 증거물은 다양하다. 이 증거물은 35,000년 전에 백조 뼈로 만든 피리(현존하는 세계 최고最古의 악기이다)에서 절정에 이른다.

인류는 예술가적 소질 덕분에 환경 및 자연과 창조적 대결을 하고, 도구 제작 기술을 발전시킨다. 뿔, 상아, 뼈처럼 그때까지 거의 이용되지 않던 재료를 이용하여 가는 실을 꿰게끔 작은 구멍이 뚫린 정교한 뼈바늘을 만들고, 이 바늘을 이용하여 더욱 효율적인 사냥 도구와 옷을 만든다. 더 가벼우면서도 더 따뜻한 짐승가죽 옷을 걸치게 된 우리 조상은 더 먼 거리에서도 활과 화살로 짐승을 쏘아 쓰러뜨린다. 또한 갈고리를 매단 작살을 이용하여 어획량을 늘린다. 유라시아의 네안데르탈인은 죽을까봐 두려워서 만년을 동굴에서 보내지만, 호모사피엔스는 네안데르탈인보다 건장해서 늙어서도 바깥 활동을 한다. 자연 은신처가 수천 년에 걸쳐 인공 은신처(처음에는 띄엄띄엄 흩어져 있는 오두막이지만, 나중에는 마을을 이룬다)로 발달하지만, 옛날부터 주거에 안성맞춤인 동굴은 여전히 오랫동안 친근한 주거지로 쓰인다. 동굴에는 암벽화가 많이 남아 있는데 북스페인에서 남프랑스까지만 해도 180개가 있다. 사냥할 때 행운을 불러오는 숭배 의식을 담당하던 주술가가 최초의 예술가 역할을 맡는다. 1994년 남프랑스 발롱퐁다크Vallon-Pont-d'Arc의 쇼베Chauvet 동굴에서 발견된, 훌륭한 최고最古의 암벽화는 주술가가 전문 분야의 대가임을 잘 보여준다. 대략 35,000년 된 이 암벽화에는 코뿔소, 사자, 곰 같은 위험한 동물이 영원히 살아 숨 쉰다. 이 예술품은 많은 연구자들이 진품인지 의심할 만큼 형태가 단순하고, 색깔이 강렬하고, 음영 처리가 뛰어나다.

어쨌든 호모사피엔스는 자연과 예술적 대결을 벌임으로써 정신적 지평을 넓히고, 이에 따라 새로운 관념이 나타난다. 이전에는 기껏 장작으로 쓰이던 매머드 뼈가 이후로는 건축 재료로 크게 인기를 누린다. 4만 년 전 인류 최초의 혁명이 소리없이 일어난다. 이 혁명은 정치적 변화가 아닌 사회적, 문화적 변화를 일으킨다. 선사시대 연구자들이 이 혁명을 '네오 구석기 혁명neopalaeolithische Revolution'이라고 한 것은 매우 정당하다.

이 혁명은 진화의 엔진 곧 높은 정신적 잠재력, 뛰어난 창조력, 특히 사회적 자의식과 갓 형성된 신분에 대한 자부심으로 뭉쳐진 호모사피엔스의 유전질 돌연변이를 통해 일어난다. 그렇지 않으면 호모사피엔스가 부장품을 풍부히 묻어줌으로써 사자를 숭배한 최초의 호미니드라는 사실을 달리 어떻게 설명할 수 있을까? 최초의 현대 유럽인 대표자 크로마뇽인Cro-Magnon은 사후의 삶을 다른 동시대인들과는 달리 이해한 것처럼 보인다.

의식과 언어로의 진군

뼈는 거짓말을 이야기하지 않는다. 아니, 고인류학자가 뼈를 정확히 해부하고 연대를 측정하기만 하면 말없는 시대의 증인이자 지나간 과거의 1차 자료인 뼈는 또렷하게 말을 한다. 오늘날 힘겹게 수집한 이 발굴물은 호모사피엔스에 대해 살아 있는 이야기, 말 그대로 매우 감동적인 이야기를 전해준다. 우리의 직계 조상은 우리가 익히 잘 아는 여행 전의 들뜸이나 아득한 것에 대한 동경 같은 '설렘'을 당시에 이미 알고 있었다.

약 15만 년 전 아프리카에 출현하여 수천 년간 뿌리를 내린 후 호모사피엔스는 검은 대륙의 여러 가지 풍토상의 장점을 뿌리치고 느닷없이 '좋은' 땅을 떠나 넓은 세계로 이동한다. 호모사피엔스는 단백질과 짐승고기를 찾아, 어느 새 고향 들판에서 보기 드물어진 짐승 떼 자취를 좇아 떠돈다. 이전의 다른 호미니드와 달리 쉴 새 없이 낮은 산을 오르고 힘겹게 사바나를 지나서 의도적으로 정복전쟁을 일으키지 않고도 대륙을 차례로 정복한다. 지리적, 시간적 관점에서 보면 이 정복은 역사상 넓은 지역에 걸친 정복이자 가장 오래 걸린 정복이었을 것이다.

옷을 다양하게 갖춘 덕분에 호모사피엔스는 당시의 지배적인 기후 조건과 환경 조건에 다른 어떤 호미니드보다 잘 적응한다. 호모사피엔스는 호기심에 이끌려 아프리카에서 중동의 아라비아 반도를 거쳐 아시아까지 나아가고, 이윽고 유럽까지 나아간다. 수천 년 후 최초의 아시아인이 당시에는 걸어갈 수 있었던 베링 해협을 지나 아메리카로 이주하여 이곳에 씨를 뿌리고, 이 씨에서 나중에 인디언 문화가 꽃핀다. 그러나 이것이 다는 아니다. 호모사피엔스는 손수 만든 뗏목을 타고 바다를 건너 오스트레일리아에까지 가서 어보리진Aborigenes(오스트레일리아 원주민–역자주)의 조상이 된다. 호모사피엔스는 남극 대륙을 제외하고 북반구, 서반구, 동반구를 포함한 전 세계로 진군한다. 얼마만큼 성공을 거두었는지는 인구수를 보면 쉽게 알 수 있다. 300만 년 전 비교적 좁은 아프리카에 호미니드가 15,000명 살았으나, 100만 년 후에는 벌써 수백만 명이 된다. 5만 년 전에는 이 지구에 호미니드가 1천만 명 존재하고, 4만 년 전에는 2천만 명이 된다.

호모사피엔스는 대부분의 이전 친척보다 가냘프고 덜 건장하고 내성이 더 약하지만, 가는 곳마다 자기보다 재주가 없고 덜 지적인 호미니드 형제를 몰아낸다. 25,000년 전에는 호모사피엔스가 유일한 호미니드가 된다. 호모사피엔스는 '호모 루돌펜시스', '호모 하빌리스', '호모 에르가스터'를 역사의 어둠 속에, 퇴적층의 바닥에 남겨둔다. 호모사피엔스는 정신과 감각 능력을 이용하여 앞을 내다보면서 지구, 특히 우리 서구 문화의 요람이 될 그 대륙을 정복한다.

호모사피엔스가 자신을 다른 호미니드와 구별 짓는, 가장 늦게 발달한 특징을 가지게 되었을 때는 이 '네오 구석기 혁명'이 한창 진행되고 있었다. 우리 옛 조상들이 잘 훈련된 언어 기관을 이용하여 수십만 년에 걸쳐 이룬 것을 현대인은 단시간 내에 바꾼다. 예술을 접촉함으로써 영감을 얻고 사회적 접촉이 잦아지고 특히 뇌의 '언어 능력'이 한층 발달된 호모사피엔스(진화생물학적으로 가장 늦게 나타난)는 사상과 감정을 알아들을 수 있는 말로 나타내기 위해 목소리를 사용한다. 호모사피엔스는 말을 한다. 수천 년간 토막말을 한 조상들과 달리 연관된 문장을 말한다, 비록 처음에는 서툴렀겠지만 말이다. 그러나 우물거리고 더듬거리는 말에서 점차 구체적인 단어가 나타나고, 이 단어는 완벽한 문장에 이르는 길을 찾는다. 외계의 가능한 모든 대상이 비로소 이름과 언어적 모습을 갖는다. 이제 일상의 대상이 더욱 분명히 특정되고 정의되며 상황과 감정이 더욱 잘 표현된다. 커뮤니케이션은 더욱 직접적이 되고, 더욱 빨라지고, 더욱 좋아진다. 누군가 어딘가에서 처음으로 사용하여 감정계의 가장 유명한 '세 단어'로 통용된 것이 분명한 낭만적 감정조차도 갑자기 언어의 밸브를 찾는다. 정확히 누가, 언제 이 말을 사용했는지는 모른다. 알다시피 감정은 화석화하지 않기 때문이다.

대량생산과 파피루스

우리는 기원전 1만 년 이야기를 쓰고 있다. 마지막 제4 빙하기가 수십만 년간 지구를 꽁꽁 얼어붙게 해놓고는 소리도 없이 사라진다. 기온이 눈에 띄게 올라가자 동식물이 기뻐하고, 크로마뇽인(기원전 35,000년에서 8,000년)들이 즐거워한다. 빠듯한 자원에 내몰린 호모사피엔스는 온화한 지중해 동안에서 오늘날 이란에 이르는 지역에 매머드 가죽을 꿰매어 만든 텐트를 쳤다. 지속적인 변신이 시작된다. 떠돌아다니는 육식성 유목민이 마침내 정착 농민이 되고, 때에 따라서는 실용적인 채식주의자가 된다. 호모사피엔스는 농업과 축산의 시간절약 효과를 알게 된다. 며칠에 걸려 땅의 식용식물을 찾는 대신 거친 곡물을 심고, 수확하

여 식량으로 가공하고, 남은 것을 어려운 때를 대비해 저장고에 비축한다. 멀리까지 가서 며칠씩 돌아다녀도 허탕 치기 일쑤인 사냥 대신 들짐승을 길들이고 사육한다. 그렇게 해서 얻은 여가를 원시 시대의 농부는 도구를 세련되게 하는 데 이용하고, 그 결과 손재주와 기술이 크게 발전한다. 호모사피엔스는 새로운 힘을 경험한다. 이제 도자기가 대량 생산된다. 이미 기원전 6000년에 최초의 손 모양의 점토 용기가 나온다. 나중에 고고학자가 근동에서 이것을 발견한다. 같은 시기에 호모사피엔스는 최초의 금속인 구리를 발견하고, 얼마 안 가서 구리에 주석을 섞어 더욱 단단하고 내성이 강한 청동을 만든다. 새 시대인 청동기 시대라는 말은 여기에서 나온다. 금속 가공술이 부단히 발전하여 장신구 제작술과 일상 도구 제작술에 혁명이 일어난다. 금속 가공술이 발달함에 따라 처음으로 무기 산업이 일어난다. 견고한 칼, 단검, 창, 방패 등이 최초의 고등문화가 지구에 점차 형성되고 있던 비옥한 땅 메소포타미아에서 대량으로 만들어진다. 인류 역사상 최초의 고등문화가 청동기 시대와 함께 일어난 것은 우연이 아니다. 청동기 시대의 사람과 그 직후의 사람들이 처음으로 무기를 대량 생산하여 어떤 헤라클레스도, 국가도, 정부도, 사회도 처치할 수 없는 불사의 히드라를 세상에 퍼뜨린 것도 우연이 아니다. 인류 역사에 일관된 흐름이 있다면 나름대로 다 이유가 있다. 시대를 불문하고 각 세대의 흔적은 언제나 피로 물들었다. 이렇게 볼 때 청동기 시대는 인류의 호전적 성질을 충족시키는 물질적 토대가 마련된 시대이다. 이 시기에 전쟁은 전례 없는 승리의 진군을 시작하고, 기원전 2000년에서 1000년 무렵 아시리아인이 결정적으로 이 역할을 맡는다. 최초의 강대국인 호전적 아시리아는 고도로 발달된 전투용 마차와 공성포로 무장하고, 적들에게는 유감스러운 일이지만, 의도한 대로 기병부대를 투입한다.

티그리스 강과 유프라테스 강 사이의 땅(오늘날 이라크 남부)에서 현대인은 도시 혁명을 일으켜 역사에 새 획을 긋는다. 무수한 정착지 가운데 매우 비옥한 지역에 자리 잡은 여리고Jericho(오늘날 이스라엘)가 기원전 4000년 무렵 두 번째 도시로 성장한다. 호모사피엔스의 첫 대도시는 메소포타미아의 도시 우르Ur(오늘날 이라크)이다. 도시가 발생함으로써 세계는 또 한 번 혁명적 변화를 겪는다. 처음으로 사람들이 한정된 지역 안으로 몰려들어 크게 혼잡해진다. 우르가 형성된 직후 메소포타미아에서 생긴 수메르인의 도시 우루크Uruk, 라가슈Lagasch, 바빌론도 마찬가지이다. 도시는 공간이 좁아 사람 간의 접촉과 지식의 교환이 집중적으로 이루어진다. 수천 년 전에는 전문가도 별로 없었고, 기술이나 손재주가 뛰어난 사람도 많지 않았다. 갑자기 우르에서는 농부, 관리, 수공업자, 전사, 승려가 새로 생긴 '노동 시장'을 경험한다. 게다가 청동기 시대에는 건축가와 기술자가 처음으로 등장한다. 건축가와 기술자는 웅장한 사원, 궁전, 묘비, 관개시설을 설계하고 지음으로써 큰 변화를 일으킨다. 이 변화로 인구, 사회, 국가 질서가 크게 바뀐다. 도시 인구가 끊임없이 증가하고, 처음으로 계급이 확연하게 구별되고, 체계적 도시 계획이 시작되고, 경제가 발전하여 국내외 거래가 활기를 띤다. 위계조직을 이룬 승려가 일상사를 관장하기 위해 관료제를 도입하여 정치, 경제, 문화의 파수꾼 역할을 한다. 갓 생

긴 관청은 세심하게 조직되고, 때로는 자신의 이익을 위해 때로는 군주의 이익을 위해 사회의 부를 축적하고 관리한다. 관청은 명령하기도 하고 금지하기도 하다가 이윽고 법률을 만들어 그 영향력과 호사를 확보한다. 경제가 더욱 중요해지고 정치사회적 조직체가 더욱 복잡해지자 권위적인 권력자는 자신의 영향력을 확보하려고 가장 강력한 도구인 문자를 완성하여 보급한다.

잉카문명을 제외한 고등문명은 모두 고유한 문자를 발전시키는데 그 가운데서 가장 오래 된 것이 수메르 문자이다. 돌에 새긴 최초의 수메르 문자는 기원전 8000년에 처음 나타났지만, 이 문자는 기껏 수를 세는 데 이용되고 달력 구실을 한 그림문자에 지나지 않는다. 각인된 옛 수메르의 설형문자에서 기원전 3100년부터 비로소 뜻이 통하는 문자가 나오고, 약 1,000년 후 서체가 바뀐다. 기원전 2500년 무렵 필사자는 1,200개의 다른 기호를 이용하여 비로소 복잡한 문법적 형태를 비교적 원활하게 점토에 나타낸다. 필사자가 그림문자를 부드러운 점토판에 새겨 넣을 때 쓰는 편리한 갈대 펜 덕분에 이것이 기술적으로 가능해진다. 글자를 쓰고 난 뒤 말리거나 불에 구움으로써 점토의 내성이 커진 덕분에 수메르인의 서체는 오늘날까지 남아 있다.

지금부터 5,000년 전 메소포타미아에서 남서쪽으로 3,000킬로미터 떨어진 곳에서 다른 문명 곧 이집트 문명이 지식의 새로운 강가에 출현한다. 수메르문명과 세계적으로 번영을 누린 그 후의 고등문명(아즈텍문명, 중국문명, 인더스문명 등)과 마찬가지로 최초의 북아프리카 문명도 큰 강 근처에서 꽃 핀다. 최초의 인도 고등문명(기원전 2500년부터)은 인더스

강 유역의 하라파Harappa에, 중국의 고등문명(기원전 1500년부터)은 황하 유역에 자리를 잡고, 이집트의 고등문명(기원전 3000년 경)은 나일 강 부근에 자리를 잡는다. 이처럼 비옥한 땅에서 사람들은 수맥을 개발하고 댐, 저수지, 운하 만드는 법을 배운다. 수메르인처럼 창조력이 풍부했던 이집트인도 기원전 2900년 무렵에 복잡한 문자 체계를 발전시킨다. 이 문자는 단순한 그림문자가 아니라 그림 기호, 소리 기호, 어떤 대상을 가리키는 의미 기호로 이루어져 있다. 그러나 이 상형문자는 기원후 4세기부터, 다른 많은 원시 문자와 마찬가지로, 문자의 수가 많아짐에 따라 망각될 운명을 맞는다. 여러 세기 후 프랑스의 학자 장 프랑수아 캄폴리옹Jean-Francois Champollion(1790-1832)이 '로제타스톤'을 이용해 이 상형문자의 감추어진 뜻을 처음으로 완벽하게 해독한다.

문화적, 지적 발달을 야기한 이집트 문자는 사막에 자리 잡은 피라미드에서 떨어져 소택지(늪과 연못으로 둘러싸인 습한 땅-편집자주)를 중심으로 번성한다. 건축학적으로나 기술적으로나 문화 종교적으로 더할 나위 없이 훌륭하고 몇 세대에 걸쳐 만들어진 묘비, 미학적으로도 기묘하고 매우 세밀하게 계획되고 엄청난 비용을 들여 건축된 아주 큰 묘비가 아니라 약 3미터나 자란 다년생 식물이 인류가 정신적으로 계속 발전하는 데 결정적 자극을 준다. 이미 기원전 4000년에 고대 이집트 사람들은 나중에 아리스토텔레스, 호머, 헤시오드, 헤로도토스 같은 사람들이 지혜를 전승하는 데 쓴 원료를 파피루스 식물에서 얻었다. 습기, 하중, 충해에 매우 민감하기는 하였으나 파피루스는 믿을 만하고 글쓰기에는 안성맞춤이었다. 파피루스의 평균 수명은 적어도 100년에서 150년이다.

당연히 파피루스는 가장 중요한 지식의 촉매제가 되고, 고대의 가장 중요한 정보 저장고가 된다. 파피루스는 대개 건조한 사하라 사막의 보존 효과 덕분에 세월의 풍상을 이겨내고 오늘날까지 전해진다. 건조한 기후 덕분에 1,000년이 넘도록 거의 손상되지 않고 보존된다. 어쨌든 이집트인은 고향 습지식물의 지적, 상업적 가치를 재빨리 알아챈다. 이미 프톨레마이오스 왕조(기원전 323년에서 30년) 때 왕실이 파피루스 생산과 판매를 독점한다. 여섯 개 단계를 거쳐 공급되는 파피루스는 고대 그리스와 로마제국에서 더욱 넓게 퍼지고 사용된다. 그러나 기원후 2세기부터 더욱 질긴 양피지에 점차 자리를 양보한다.

그리스의 지식 폭발

고대에는 PISA(국제학생성취도 평가사업) 같은 것이 별 의미가 없었을 것이다. 당시 사람의 99%가 오늘날 자명한 문화재로 간주되는 읽기, 쓰기, 셈하기, 철학하기 같은 것을 기대할 수 없었기 때문이다.

당시에는 교양 있고 글을 아는 사람만이 국사를 다루고 정보를 통제하며 정치적, 사회적 영향력을 행사하는 중요한 엘리트가 될 수 있었다는 것은 권력의 불문율이다. 이 법칙은 북아프리카의 해양 민족이자 상업 민족인 페니키아인이 기원전 1100년 무렵에 많은 그림문자 대신 알파벳을 발명했을 때 상대화된다. 알파벳 수업 시작종이 울린다. 완전히 닫힌 세계에 살던 많은 사람이 알파벳을 사용함으로써 새로운 세계에 눈뜬다. 페니키아문자가 자음으로만 이루어져 있다는 사실을 알고

인도유럽어족 사람들이 새로운 문자 기호를 유럽에 수출해야겠다고 마음먹었다는 것을 감안해 볼 때 알파벳의 발달은 혁명적인 것으로 생각된다. 우리의 박식한 조상들은 모음이 없는 문자로 무얼 하려고 하는가 하고 묻는다.

그리스인이 이 질문에 명쾌한 답을 내놓는다. 그리스인은 기원전 8세기에 페니키아문자에 모음을 보충하여 말과 표현에 있어서 그때까지 알려져 있지 않던 명료함을 얻는다. 중국의 교양인이 2,000개가 넘는 기호와 씨름해야 겨우 문자를 터득하게 되는 데 반해 새 알파벳은 기호 26개만으로 모든 단어를 매우 쉽게 만들 수 있다. 한정된 수의 문자는 글쓰기에 도움이 된다. 알파벳 덕분에 다른 모든 문자보다 빨리 파피루스에 생각을 옮길 수 있고, 그 결과 더 많은 정신적 재산을 보존하게 된다. 이 엄청난 장점을 처음으로 철저히 이용한 사람은 기원전 6세기의 이오니아 자연철학자이다.

지중해성 기후, 풍부한 일조량, 붉은 포도주, 올리브유, 또렷한 별 덕분에 지적 눈이 새로 뜨인 것일까? 이미 2,600년도 더 전에 사람들이 머릿속으로 하나님, 세계와 씨름하고 고맙게도 이 사상의 홍수를 시간의 강에 내맡기지 않고 파피루스에 옮겨 불멸화한 것은 순전히 지리적, 역사적 우연일까? 실상은 다음과 같다. 이집트에서 파피루스를 수입하고 알파벳을 도입하여 더욱 발전시킴으로써 기원전 8세기 당시 그리스 최대의 부유한 도시이자 거대 상업 도시인 밀레토스는 근본적인 변화가 일어난다. 갑자기 소아시아 서안(오늘날의 아나톨리아) 도처에서 상업 거래용 문서와 전문 논문이 나타난다. 인류 최초의 철학자이자 자연과학자인 밀레토스의 탈레스(기원전 624년에서 546년)가 방문했을 때 애개 해aegaeis-chen Meer에 위치한 소아시아 해안 가장자리에는 정신적, 창조적 폭발이 일어난다. 인간의 이성으로 우주를 이해할 수 있다고 생각한 탈레스는 그때까지 세계의 기원과 그 밖의 비밀을 설명하는 데 사용되어 온 신화적 은유와 유추를 문제 삼고, 자신의 이론으로 이것을 반박한다. 그렇다. 탈레스에게 모든 물질(아르헤arche)의 질료(형식을 갖춤으로써 비로소 일정한 것으로 되는 재료-편집자주)는 이제 신적인 것과 관련이 없다. 오히려 세계의 근원은 물이다. 탈레스는 물이야말로 유일한 물리적 질료이고 만물은 물에서 생겼다고 주장한다. 물은 만물의 근원이고 제1원리이다.

그리스의 지식 폭발에는 창시자가 많다. 무에서는 아무 것도 생기지 않고 따라서 세계는 언젠가 원시 카오스Urchaos에서 생겼다는 신념을 토대로 밀레토스의 많은 지적 거장들은 경험적 지식과 천문학 도구 없이 사색의 힘만으로 물질적 원리에서 세계의 근원을 찾는 것을 목표로 모형과 이론을 발전시킨다. 밀레토스의 철학자들이 이렇게 생각한 최초의 자연과학자라는 것은 말할 것도 없다. 상상력이 넘치는 이 과학적 방법의 발명자들은 신의 뜻에 영향을 받지 않고 자신의 재능을 이용하여 지식을 환상과 결합한다. 오늘날도 그들의 지식 가운데 많은 것을 과학의 기본 진리라고 평가한다.

그리스의 지식 폭발은 애개 해를 중심으로 계속된다. 사모스Samos의 아리스타르쿠스Aristarchos(기원전 310년에서 230년)는 많은 뛰어난 과학자 가운데 한 사람이다. 아르스타르쿠스는 니콜라우스 코페르니쿠스Nikolaus Ko-pernikus(1473-1543)가 확고부동한 지구 중심 세계상을 뒤흔들어 놓기 1,800년 전에 태양 중심 모형을 확립한다. 밀레투스의 위대한 두 사상가 레우키포스Leukippos(기원전 약 450년에서 370년), 데모크리토스Demokrit(기원전 약 460년에서 370년)와 마찬가지로 아르스타르쿠스는 지구가 태양 주위를 돈다는 명제로 자기 시대를 훨씬 앞지른다. 세계는 그때그때 형태, 모습, 크기를 달리하는, 작고 보이지 않고 영원하고 쪼개지지 않는 원자와 빈 공간으로 되어 있다는 두 사람의 명제는 현대에도 유효하다. 모든 원자는 같은 '물질'로 되어 있고 서로 결합한다. 레우키포스와 데모크리토스의 원자 모형은 오늘날의 원자 모형과 공통되는 점은 별로 없지만, 두 사람이 세계의 무한성을 원자에 입각한 우주와 결합시킨 것은 당시로서는 주목할 만한 지적 업적이다.

다른 사상가들도 당시로서는 놀랄 만한 선견지명을 가지고 있었다. 예컨대 그리스의 철학자 에피쿠로스Epikur(기원전 341년에서 270년)는 영원히 변하는 원시 카오스 상태의 우주에서 질서 잡힌 구조가 차례로 생겼다는 모형을 발전시킨다. 그리스인은 수학에도 뛰어난 사람임을 입증한다. 많은 사람들에게 알려진 수학 정리로 유명한 사모스의 피타고라스Pythagoras(기원전 570년에서 510년)는 알렉산드리아의 유클리드Euklid(기원전 약 365년에서 300년)와 시라쿠사Syrakus의 아르키메데스Archimedes에게도 유효한 수 이론을 확립한다.

게다가 그리스인은 역사적 감수성 같은 것도 처음으로 보여준다. 후에 로마의 철학자 키케로Cicero가 '역사 서술의 아버지'라고 부른, 할리카르나소스Halikarnassos의 헤로도토스Herodot(기원전 약 484년에서 424년)는 그때까지의 비체계적이고 무비판적인 역사 서술 방법에 혁명을 일으키고, 대

상에서 거리를 두는 의식과 합리적 비판의 단서를 제시한다. 헤로도토스는 아홉 권짜리 저서 《역사》에서 기원전 6세기에서 5세기에 걸쳐 일어난 그리스와 페르시아의 전쟁을 부분적으로는 객관적이고 명확하게, 부분적으로는 신화적인 것과 섞어서 묘사한다. 또 다른 사람 곧 그리스의 장군 투키디데스Thukydides(기원전 약 460년에서 396년)는 최초의 '진정한' 역사가로 빛을 발한다. 《펠로폰네소스 전쟁사》에서 동시대사만 다룬 투키디데스는 과학적 방법을 이용하여 실제로 일어난 일만 최대한 객관적이고도 비판적으로 서술하여 후세에 전해준다. 자신이 이용한 과학적 방법을 저서의 서문에 소개한 덕분에 실제로 투키디데스는 최초의 역사 서술가이자 분석적 역사가가 된다.

무수한 고대 우주론자 무리에서 또 다른 독창적 인물이 많이 나타난다. 그 우두머리는 소크라테스, 플라톤, 아리스토텔레스이다. 형이상학, 논리학, 윤리학, 정치이론, 천문학, 변증법, 수사학에서 세 사람은 그리스의 지식 혁명을 더욱 높은 수준으로 끌어 올린다. 이오니아의 철학자와 그리스 고전철학의 주창자가 힘겹게 연이어 획득한 세계에 대한 지식, 자기 시대를 훨씬 앞서 나간 지식이 시간의 흐름 속에 오랫동안 망각되었다는 것은 참담하기 그지없다. 기원후 5세기 야만족의 침략으로 최종 운명을 맞은 서로마제국의 종말과 함께 로마인이 (최대) 1,000년 넘게 계수해 온 그리스 철학도 서구 역사와 작별하기 때문이다. 고대 지식 폭발의 씨앗은 비잔틴제국, 시리아, 페르시아에서 다시 발견된다. 고대의 귀한 문헌은 이곳에 많이 보존되어 있다. 십자군 전쟁 후 잃어버린 것으로 여겨졌던 고대의 지식이 다시 천천히 유럽 대륙에 나타났을 때 유럽은 다시 풍부한 수확을 준비한다. 다시 발견된 첫 번째 지식 폭발의 정신적 유산은 두 번째 폭발을 야기하고, 그 잔향은 오늘날도 느껴진다. 르네상스와 계몽시대의 창조적, 정신적 빅뱅의 메아리는 오늘날도 여전히 간과할 수 없다.

하필 지구에서

세계의 생성과 우리 존재의 생성

우주가 우리에게 맞게 되어 있지 않다면 지금 여기 앉아서 우주가 왜 그렇
고 어떻게 해서 그런지 묻지도 못할 것이다.

−스티븐 호킹Stephen Hawking

원래 나는 신이 세계를 달리 만들 수 있었느냐 여부에 관심이 있었다. 다시
말해서 논리적 단순함에 대한 요구가 초기 조건, 보편상수, 힘의 관계를 선
택할 때 자유를 허용했느냐 여부에 관심이 있었다.

−알베르트 아인슈타인Albert Einstein

실재의 차안과 피안

세계는 왜 존재하며 우리는 왜 세계 속에서, 세계와 함께 존재할까? 하필 세계는 왜 우리의 감각과 인위적 도구로는 기껏 모자이크 조각만 알 수 있고 전체 모습은 영원히 알 수 없게끔 피상적이고 단편적인 모습만 보여줄까? 이 모자이크 조각 때문에 우리의 시야가 극도로 제한된다는 것은 전자기 스펙트럼을 보면 잘 알 수 있다. 이 스펙트럼은 셰익스피어가 말한 '발견되지 않은 땅' 곧 빛이 단순한 광자와 광파의 집적이 아닌 세계를 보여준다. 우리 눈으로 파악할 수 있는 가시 영역에 속하는 백색광선이 아니라 적색왜성이나 가스를 삼키는 블랙홀이 발하는 적외선이나 뢴트겐선이 빛으로 우주를 가득 채우고 있기 때문이다.

우리가 지각하지 못하는 것들을 지각하는 생명체가 있다. 박쥐와 개는 초음파 속의 소리를 감지하고, 새와 고래는 지구 자기장을 이용해서 방향을 잡고, 방울뱀은 사람이 보지 못하는 적외선 영역까지 보는데 인간은 세계상의 '대략적인' 윤곽만을 육안으로 관찰할 수 있을 뿐이다. 우리가 자연에서 보고 듣고 맛보고 냄새 맡고 만져보는 것, 곧 지각하는 것은 우리를 둘러싼 대우주를 규정하지만, 이 대우주는 많은 소우주의 하나에 지나지 않고 파악할 수 있는 큰 실재의 일부에 지나지 않는다. 우리가 볼 수 있는 우주의 영역인 은하계라는 우리의 대우주를 넘은 곳에 존재한다. 그 밑에는 박테리아와 바이러스가 가장 오래되고 수가 많고 성공적인 이 세상 종으로 자리 잡은 생물학적 소우주를 펼치고 있다. 이 소우주의 각 개체가 실재 세계의 일부에서 '살고 있다'고 주장하는 것은 정당하다. 우리가 미생물 수준에서 이 우주를 지각하고 체험할 없는 것과 마찬가지로 미생물도 우주를 인식하지 못한다. 그러나 아메바나 결핵균과 달리 적어도 우리는 물질의 구성요소가 쌓여 있고 우리 내부의 우주를 이루는 양자의 세계Quanterkosmos와 우주를 잇는 다리를 부수는 데 성공하기만 하면 세계의 많은 비밀을 설명할 수 있다는 것을 알고 있다. 물질의 구성요소인 원자가 언젠가 분자를 형성했고, 마침내 뇌를 형성했다. 이 뇌는 얼마 전부터 자신의 존재에 대해 숙고하기 시작했다. 존재의 의미를 탐구하는 것, 사물을 근원까지 파고드는 것, 모든 것이 단순한 우연인지 아닌지 기본적 질문을 제기하는 것은 우리의 본성에 내재한다.

무수한 우연의 실에 엉켜 있는 존재

전체를 일별하고 나서 물리학과 천문학에서 우리의 행운에 우연이 어떻게 작용하는지 알아보기로 하자. 하버드의 물리학자 프리먼 다이슨 Freeman Dyson(1923년생)이 언젠가 말한 것처럼 우주는 '어떤 의미에서 인간

이 출현할 것'을 알고 있는 것처럼 보인다. 이 조건을 인식할 수 있는 어떤 생명체를 만들어 내기 위해 우주와 자연법칙이 실현하는 조건을 이해하는 이른바 인류 지향 원리Anthropische Prinzip가 존재한다. 이 원리는 137억 년 내에 무에서 무생물이 생성되고, 무생물에서 생명체가 생성되고, 생명체에서 다시 의식 있는 존재가 생성되려면 어떤 초기 조건과 과정, 진화가 필요한가 하는 자연과학적, 철학적 기본 의문에 초점을 맞춘다. 얼마나 많은 조건이 특수한 상황과 일치해야 우리의 우주와 같은 우주가 창조될까? 돌아보건대 우리가 이 세계에 존재하는 것은 무수한 우연의 기나긴 고리의 결과일까? 공들인 창조적 작용의 결과일까? 우주와 우리 존재의 형성에 불가피한 매개변수가 달라졌더라면, 우주적, 지질학적, 생물학적 진화의 고리에서 도미노 말馬이 달라졌더라면, 빅뱅에서 인간에 이르는 파란만장한 연쇄반응이 일어나지 않았더라면 어떻게 되었을까?

　실상은 다음과 같다. 세계의 생성과 우리 존재의 생성은 무수한 우연의 실에 엉켜 있었고, 지금도 마찬가지이다. 질량과 기본상수가 조금만 달라졌더라도 우주의 발달과 인류의 진화는 엄청나게 달라졌을 것이다. 아시다시피 우주의 초기 조건이 달라질 확률은 10의 10,120승 분의 1이다. 우리에게 적용되는 특수한 매개변수 값이 왜 그럴까 하는 질문은 할 수 있다. 그 값이 현재의 값과 똑같기 때문이다. 이 값이 달라졌더라면 이 값에 대해 의문을 품는 사람도 존재하지 않을 것이다. 쾰른의 천체물리학자 한스 요아힘 블로머가 이 상황을 러시안 룰렛에서 살아남은 자에 비유한 것은 정당하다. 말하자면 이기지 못했다면 화를 낼 기회도 없었을 것이라는 것이 분명해지자마자 이 놀이에서 이긴 기쁨이 사라진다.

생명을 관찰해 보면 우주의 기본 수치처럼 불가능한 일이 존재한다. 1953년 유전학자 제임스 D. 왓슨James D. Watson과 함께 DNA의 이중나선 구조를 발견한 물리학자 프랜시스 H. C. 크리크Francis H. C. Crick는 생명체가 자연히 생겨날 확률을 10의 −1000승으로 보았다. 슈투트가르트의 동물학자 하인리히 라만Heinrich Rahmann은 저서 《생명의 생성》Die Entstehung des Lebens에서 다음과 같이 말한다. 사람이 1톤의 아미노산에서 생기고 분자가 서로 반응하는 데 10억 년 걸리고 특정 아미노산 1,000개가 정확히 정해진 단백질로 통합될 확률을 구한다면 그 값은 10×10의 −360승이다. 다음과 같은 사실을 예로 들어보면 이 값이 얼마나 작은지 짐작할 수 있다. 사하라 사막의 모래 산에서 한 번에 특정 모래알을 골라낼 확률은 10의 −24승이다. 따라서 생명체가 생겨날 가능성은 거의 없었다. 그런데도 지구에는 생명체가 우글거린다.

일상생활에서 낯익은 3차원 공간이 없었더라면 생명체는 생기지 않았을 것이다. 빅뱅 과정에서 2차원 공간만 생겼더라면 어떤 복잡한 신경망도 형성되지 못했을 것이고, 생화학은 생명체의 진화에 필요한 공간조차 가지지 못했을 것이다. 우주의 나이도 중요하다. 우리와 같은 생명체가 우주에 존재하려면 먼저 은하계가 생성되어 적어도 스스로 발전할 시간을 가져야 하고 그럼으로써 태양과 행성이 생성되어 지구에서 생명체의 진화가 시작되기 전에 무거운 원소를 만들어내고 이것을 성간 매개물 곧 우주에 돌려줄 시간을 가져야 한다.

빅뱅 후 전자가 생성될 때 전자의 질량이 중성자와 양성자 간의 질량 차이보다 컸다면 우주는 크게 달라졌을 것이다. 만약 그렇다면 전기적으로 중성인 우주가 생성되었을 것이다. 양성자는 생성되자마자 자유로운 전자에 붙잡혀 중성화 되었을 것이다. 다시 말해서 우주는 결국 중성자와 중성미자(질량이 매우 작고 전기적으로 중성인 입자)로 가득 찼을 것이다. 중성자와 중성미자에서는 화학원소는 고사하고 원자조차 생성되지 않기 때문에 행성도, 생명체도 생성될 수 없었을 것이다.

탄소의 공모

탄소는 식물이 광합성을 하고 복잡한 유기 분자를 만드는 데 없어서는 안 되므로 생명체에 꼭 필요한 것이다. 별에 있는 탄소는 헬륨이 연소되는 동안 헬륨핵 세 개에서 합성된다. 먼저 헬륨핵 두 개가 결합되어 중간핵인 베릴륨이 된다. 그러나 이 핵은 불안정해서 10의 −17승 후에 다시 두 개의 구성요소로 쪼개진다. 탄소가 생성되려면 두 개의 헬륨핵으로 쪼개지기 전에 세 번째 헬륨핵이 베릴륨핵과 충돌해야 한다. 다행히 두 헬륨핵이 충돌하는 시간은 10의 −21승으로 베릴륨의 붕괴 시간보다 훨씬 짧다. 그 이유 때문에, 오로지 그 이유 때문에 베릴륨핵과 헬륨핵이 충분히 오랫동안 동시에 존재할 수 있고, 그 결과 탄소가 융합된다. 그러나 이 충돌 과정은 입자 간의 거리가 가깝고 밀도와 온도가 매우 높을 때에만 진행된다. 우주에는 그런 환경이 별에만 존재한다. 따라서 탄소는 별에서 융합되고, 최초의 원자핵이 형성되는 빅뱅 직후의 단계에서는 융합되지 않는다.

그러나 이 유리한 조건에서도 탄소가 매우 드물게 생성되면 아무런 소용도 없다. 탄소는 헬륨핵 에너지에 베릴륨핵 에너지를 더한 에너지보다 조금 더 높은 에너지 수준을 가진다. 핵반응을 일으키는 효과는 입자가 충돌할 때 에너지가 추가로 생김으로써 일어난다. 에너지가 더해지면 반응이 일어날 확률이 훨씬 커진다. 전자기력과 핵력의 관계가 조금만 달라져도 베릴륨과 탄소의 공동작용은 억제되고 별에서 탄소가 생성되지 않을 것이다. 그러면 탄소를 바탕으로 한 생명체도 결코 생성되지 않을 것이다.

별은 어떻게 운명에 영향을 미칠까?

행성을 거느린 별은 생명체에 매우 중요한 의미를 지닌다. 질량이 큰 별은 유기분자에 특히 해로운 단파의 빛 곧 자외선을 방사하고, 수소를 너무 빨리 연소하여 비교적 일찍 죽는다. 질량이 매우 작은 별은 전자기 스펙트럼의 적외선 영역 가까이 있어서 광합성을 일으키기에는 에너지가 너무 작다. 우리 태양은 정확히 이 두 극단 사이에 있어 모든 생명체에 유리하게 작용한다. 태양의 최대 방사는 전자기 스펙트럼의 가시 영역에 있고 수명이 80억 내지 100억이어서 충분히 오랫동안 생명체에 에너지를 공급할 수 있다. 어떤 별의 경우에는 행성의 질량도 별의 운명, 특히 생명체가 서식할 수 있느냐는 의문을 결정한다. 우리 태양계 외에 지금까지 발견된 행성의 대부분이 생명체가 살 수 없는 질량이 큰 가스 행성으로 이루어져 있다 하더라도 행성의 궤도 매개변수Bahnparameter 같은 특정 조건이 충족되기만 하면 지구를 닮고 멀리 떨어져 있으며 표면이 딱딱하고 무거운 원소로 이루어진 행성에서는 외계의 생명체가 생성될지도 모른다. 우리 지구가 거의 완벽하게 보여주듯이 어머니별 주위를 도는 원형 궤도는 기후가 균형을 이루고 안정되어 있다는 보증인이기 때문이다. 타원형 궤도를 도는 행성은 원일점에서는 너무 춥고 근일점에서는 너무 더워 별이 방사한 에너지가 물을 얼리지도 못하고 증발시키지도 못한다. 또한 자전주기와 궤도평면에 대한 회전축의 기울기도 기후에 영향을 미친다. 행성이 너무 빨리 회전하면 행성 대기에 엄청난 폭풍우가 지속적으로 일어나고, 너무 느리게 회전하면 별을 향한 반구와 반대쪽 반구의 온도차가 너무 커진다. 또한 회전축의 기울기가 클수록 계절의 변화가 뚜렷하다. 기울기가 큰데다가 회전주기가 길면 여름과 겨울의 기온차는 생존에 불리하다. 이와 달리 행성 질량에 비해 큰 위성은 자전하는 행성의 기후에 크게 영향을 미친다. 위성이 중력 작용으로 회전축을 안정시키기 때문이다.

우연일까? 계획일까?

누가 또는 무엇이 이 우주를 창조했느냐는 것, 우리 인간이 감각으로 파악할 수 있는 3차원 공간을 만들었느냐는 것, 물질적인 것(또는 비물질적인 것)을 만들었느냐는 것, 다른 3차원의 토대가 되는 4차원 곧 시간을 만들었느냐는 것, 이런 질문들은 창조적인 주인이 존재함을 보여준다, 그것도 늘 존재함을. 우주에 지금처럼 생명이 가득 차도록 한 것이 어떤 에너지 형태이냐 비에너지 형태이냐 하는 것은 우리 인간에게는 풀리지 않는 수수께끼이다. 우리는 추측할 수 있을 뿐이다. 우리는 이 모든 것이 순전한 우연일까 하고 자문해 본다. 우리가 이 책에서 설명한 우주의 매개변수와 자연 상수가 함께 작용한 것을 달리 설명할 수 있을까? 배후에 어떤 원리가 존재할까? 생명체의 생성, 그리고 마침내 인류의 생성을 목표로 한 어떤 원리 다시 말해서 인류 지향 원리가 있을까? 인과법칙에 어긋나지 않는 한 자연과학이 그런 해결에 동의한다고 말할 수 있을까? 말하자면 우리 우주에 생명체가 존재한다는 이유만으로 생명체의 존재를 가능하게 하는 매개변수가 가치 있을까? 이른바 '약한' 인류 지향 원리가 다른 공식에도 적용될까? 우리가 관찰한 자연 상수 값과 우주의 초기 조건이 지적 생명체의 생성에 꼭 필요했다는 것도 우연에 지나지 않을까?

그 사이에 '강한' 인류 지향 원리가 나타난다. 이 원리는 우주에는 진화하는 중에 생명체가 생성되는 것을 가능하게 하는 성질이 있다는 목적 지향 메커니즘으로 우주를 설명한다. '마지막' 인류 지향 원리는 더욱 돋보인다. 이 원리는 우주에 언젠가 지적인 생명체가 출현하여 발전할 것이 틀림없다는 사실을 토대로 하고 있다. 지적 생명체는 이 우주에 출현한 후 결코 소멸하지 않을 것이다. 이것은 영원한 생명의 요청이다. '강한' 인류지향 원리의 가장 엄격한 버전은 '목적론적' 이형에서 실현될 것이다. 목적론은 목적 지향적인 힘이 우주를 창조했다는 것과 계획이 우주 생성과 결부되어 있다는 것을 의미한다. 여기에는 생명체가 발달하도록 하는 교묘한 결정이 깔려 있다. 그 배후에는 모든 것보다 상위에 있는 의지, 우주 밖에 존재하고 생명체의 창조를 꾀하는 창조자가 존재한다. 프랑스의 고생물학자이자 신학자인 피에르 떼이야르 드 샤르댕Pierre Teilhard de Chardin(1881-1995)은 이 전제에서 출발한다. 샤르댕의 이론 모형은 체계적으로 생명, 인간, 정신의 생성을 목표로 하는, 역동적이고 스스로 발전하는 우주를 설명한다. 이 '계획된' 우주Kosmogenese는 물질 복잡성 증가와 정신 중심성 증가를 수반한다. 말하자면 신에서 출발한 진화는 동시에 신을 지향한다. 이 모든 발전의 끝에는 '오메가 점 Punkt Omega'이 있다. 세상 마지막 날에는 공간, 시간, 의식을 포함한 우주 전체가 이 점에 모인다.

생명이 언젠가는 끝난다는 것(별이나 은하계도 에너지를 유한하게 비축하고 있기 때문이다)과 우주가 팽창하고 냉각됨으로써 생명체에 필요한 원천인 에너지가 언젠가 고갈될 것이라는 것에 직면하여 인류의 미래와 씨름하는 연구자도 있다. 최근에는 하버드 대학의 프리먼 다이슨이 우주에서의 생명체의 궁극적 미래 연구에 몰두하고 있다. 다이슨의 명제에 따르면 생명의 본질은 정보이다. 유전자 코드와 신경망이 정보를 저장하고 가공하는 체계라는 것이 이것을 잘 말해준다. 생명체가 정보 가공 체계라는 고찰을 근거로 다이슨은 생명과 의식이 반드시 유전물질을 지닌 세포에서 구체화되는 것이 아니라는 것을 받아들인다. 생명과 의식은 탄소, 산소, 수소와 따로 존재할지도 모른다.

다이슨은 영원히 팽창하고 계속 냉각되어 가는 우주에서 유한한 양의 에너지를 가진 생명체가 신진대사, 커뮤니케이션 능력, 인지 활동을 어떻게 계속 유지할지 연구하고 있다. 다이슨의 추측대로 장기적 관점에서 보면 생명은 우주에서 언젠가는 소멸할 수밖에 없다. 정보를 수용하고 가공하여 다시 전달하는 것이 물질 및 에너지와 관련되어 있기 때문이다. 물질이 쪼개져 에너지 차이가 없어지면 다시 말해서 열역학적으로 균형이 이루어지면 생명체는 더는 존재하지 못한다. 미국의 물리학자이자 수학자인 프랭크 티플러Frank Tipler(1947년생)는 다른 방법으로 '강한' 인류 지향 원리의 '마지막' 이형을 연관 짓고 있다. 티플러의 견해에 따르면 생명은 일시적 현상이 아니라 분명히 우주에 영원히 존재하는 것이다. 특히 우주의 종말 때 살아남으려면 생명의 구제가 모든 물질적 토대로부터 보증되어야 한다. 생명체는 아주 작은 점 다시 말해서 '미래의 특이한 현상'인 '오메가 점' 때 살아남는다면 영원히 살아남을 것이다. 그러나 많은 과학자들은 매우 사변적이라는 이유로 티플러의 명제를 증명할 수 있는 해석이 아니라 사이비 과학적 해석으로 받아들인다. 그래서 어떤 회의적인 과학자는 티플러의 모형을 크랩CRAP(영어로 넌센스라는 뜻임)이라고 일축한다. 이 과학자는 크랩을 '터무니없는 인류지향 원리Completely Ridiculous Anthropic Principle'라고 본다.

외계인은 존재할까?

이제 다음 질문, 이 책의 마지막 질문을 살펴보기로 하자. 말하자면 오랫동안 진화가 진행되는 이 우주에서 '호모사피엔스사피엔스'가 유일한 지적 생명체일까? 우주에서 모든 조건 곧 물리적 법칙과 여기서 생기는 별과 행성의 과정, 지질학적 및 생물학적 과정이 어디서나 똑같고 그 결과가 매우 비슷하다면 우주에는 온갖 생명체가 우글거려야 하지 않을까? 외계 문명이 존재한다면 그것도 빅뱅에서 생겨난 것이어야 하고 외계인의 몸도 우리 몸을 이루는 바로 그 원소와 원자로 이루어져야 하지 않을까?

빅뱅 후 우주의 어느 행성에서 다른 지적 생명체가 발견될지도 모른다는 가정은 정당한 것 같다. 미국의 천체물리학자 칼 세이건Carl Sagan(1934-1996)같은 낙관론자는 우주에 있는 수십억 개의 행성 그 어딘가에 언젠가 매우 발달된 문명이 형성되었을지도 모른다고 한다. 이와 달리 영국의 천문학자 마틴 리즈Martin Rees 경(1942년생)은 우리가 관찰할 수 있는 우주 그 어디에도 인간 이외의 지적 생명체는 없다고 한다.

그러나 생명체에 널리 받아들여지는 원리가 우주에 있다고 하면 '강한' 인류 지향 원리는 이제 '인간-외계인-우주의 원리'라고 이름을 바꾸어야 할 것이다. '외계 생명'이란 개념도 훨씬 넓게 이해해야 하고, 컴퓨터나 로봇 같은 비생물학적 '생명체'도 고려해야 할 것이다. 우연히 일어난 것이든 계획적으로 일어난 것이든 빅뱅에서 의식과 지력의 형성에 이르는 길은 유일한 현상이 아니고, 우주의 불문율이다. 그렇다면 우리가 세계의 의미를 곰곰이 생각하고 생성과 소멸의 역사를 이해하여 글로 나타내려고 애쓰는, 우주에서 유일한 존재는 아닐 것이다. 지구에서 수백만 광년 떨어진 어떤 곳에서 파란 피부에 노랑머리를 한 책벌레가 게처럼 생긴 손으로 주제가 비슷한 책을 펴들고 방금 얻은 지식에 고무되어 상상을 마음껏 펼치고 있는지 누구 알겠는가? 이 책을 읽고 고무를 받은 만큼 지혜에 이르는 열쇠는 지식이 아니라 상상이라고 한, 세계 최고 물리학자 알베르트 아인슈타인의 말을 실행에 옮겨라. 아인슈타인은 일찍이 "상상은 지식보다 중요하다. 지식은 한정되어 있기 때문이다"라고 말한 적이 있다.

감사의 말

물 1,000통, 커피 100리터, 붉은 포도주 몇 병, 많은 초콜릿, 엄청난 양의 탄수화물, 무수한 복사, 산더미 같은 종이, 많은 연필, 텍스트 마커, 책, 신문, 전문지, 무수한 인터넷 검색, 전화기 몇 대, 이메일, 편지. 이 책이 출간되기까지는 이런 것들이 필요했다. 이런 유용한 것들을 사용할 수 있었던 것을 매우 고맙게 생각한다.

그러나 무엇보다도 수십억 년에 걸친 '교양 여행'을 이 책 마지막 페이지까지 해내고 불평 없이 우리와 함께 여행 목적을 달성해준 독자 여러분에게 감사드린다.

여러분과 작별하기 전에, 물론 일시적인 작별이기를 바라지만, 파이퍼Piper 출판사의 브리타 에게테마이어Britta Egetemeier와 클라우스 슈타들러Klaus Stadler 박사에게 진심으로 감사드리고 싶다. 두 분은 우리가 이 책을 쓰도록 격려해 주고 비평까지 해주었다. 도와준 카타리나 불피우스Katharina Wulffius와 카트린 쿠르츠Kathrin Kurz에게도 고마움을 표한다.

마지막으로 원고를 일일이 꼼꼼하게 검토해주고 비판과 제안으로 책의 가독성을 높여준 카롤리나 하우트Carolina Haut에게 고마움을 표한다.

참고문헌

아르츠트, 폴커: 《독일이 적도에 있었을 때, 태고에로의 여행》 로볼트, 라인벡 2001.

블로머, 한스-요아힘/프리스터, 볼프강/횔, 요제프: 《우주론》 발터 드 그루이터, 베를린 2003.

블로머, 한스-요아힘/차운, 하랄트: 《빅뱅. 우주의 시작과 미래》 C. H. 베크, 뮌헨 2004.

뵈르너, 게르하르트: 《우주론》 피셔, 프랑크푸르트 2002.

디트푸르트, 호이마르 v: 《태초에 수소가 있었다》 dtv, 뮌헨 1997(신판).

피셔, 에른스트 페터: 《꼭 알아두어야 할 자연과학》 Econ, 뮌헨 2001.

피셔, 에른스트 페터: 《아인슈타인, 호킹, 싱- 꼭 읽어야 할 책들》 파이퍼, 뮌헨 2004.

포티, 리처드: 《생명. 전기. 40억 년 전》 C. H. 베크, 뮌헨 2000.

그린, 브라이언: 《우아한 우주》 지들러, 슈투트가르트 2000.

하징어, 귄터: 《우주의 운명. 시작에서 종말까지의 여행》 C. H. 베크, 뮌헨 2007.

호킹, 스티븐: 《호두껍질 속의 우주》 호프만 운트 캄프, 함부르크 2001.

요한슨, 도널드/블레이크, 에드거: 《루시와 그 자식들》 스펙트럼 아카데미 출판사, 하이델베르크/베를린 2000.

쿠켄부르크, 마르틴: 《최초의 말 사용자. 말과 글의 생성》 콘라트 타이스, 슈투트가르트 2004.

레이저, 데이비드: 《우주의 질서. 빅뱅에서 인간 의식까지》 인젤, 프랑크푸르트 암 마인 1995.

리키, 리처드: 《최초의 흔적. 인류의 기원에 대하여》 골드만, 뮌헨 1999.

레슈, 하랄트/뮐러, 외른: 《빅뱅 2막 – 우주에서 생명의 흔적 찾기》 베텔스만, 뮌헨 2003.

루드비히, 칼-하인츠: 《기후소사. 지구의 생성에서 현재까지》 C. H. 베크, 뮌헨 2006.

맥도골, J. D.: 《지구소사》 Econ, 뮌헨 2000.

마르굴리스, 린/세이건 도리안: 《생명》 스펙트럼 아카데미 출판사, 하이델베르크/베를린 1997.

라만, 힌리히/키르슈, 카를: 《인간-생명-중력-우주》 G. 하임바흐, 슈투트가르트 2001.

라우흐푸스, 호르스트: 《화학 혁명과 생명의 기원》 슈프링어, 베를린 2005.

리스, 마르틴: 《우리 우주의 수수께끼》 C. H. 베크, 뮌헨 2003.

라이히홀프, 요제프 H.: 《인간되기 수수께끼. 자연과의 상호작용에서 생긴 인류의 기원》 dtv, 뮌헨 2004.

세이건, 칼: 《우리 우주. 우주여행》 드뢰머-크나우르, 뮌헨 1991.

슈렝크, 프리데만: 《아담의 부모. 초기 인류 세계에로의 탐험》 C. H. 베크, 뮌헨 2002.

슈뢰딩어, 에르빈: 《생명이란 무엇일까? 물리학자의 눈으로 본 살아있는 세포》 파이퍼, 8판, 뮌헨 1999.

스몰린, 리: 《세계는 왜 존재할까?》 C. H. 베크, 뮌헨 1999.

발터, 울리히: 《우주 속의 문명. 우주에는 우리 문명밖에 없을까?》 스펙트럼 아카데미 출판사, 하이델베르크/베를린 1999.

KI신서 2694
하루만에 읽는 생명의 역사

1판 1쇄 인쇄 2010년 10월 11일
1판 1쇄 발행 2010년 10월 20일

지은이 하랄트 레슈·하랄트 차운 **옮긴이** 김하락
펴낸이 김영곤 **펴낸곳** (주)북이십일 21세기북스
출판콘텐츠사업부문장 정성진 **출판개발본부장** 김성수 **인문실용팀장** 강선영
기획·편집 박혜란 **디자인** 표지 씨디자인
영업마케팅본부장 최창규 **영업** 김용환 이경희 우세웅 **마케팅** 김보미 허정민 김현유
해외기획 김준수 조민정
출판등록 2000년 5월 6일 제10-1965호
주소 (413-756) 경기도 파주시 교하읍 문발리 파주출판단지 518-3
대표전화 031-955-2100 **팩스** 031-955-2151 **이메일** book21@book21.co.kr
홈페이지 www.book21.com **커뮤니티** cafe.naver.com/21cbook

ISBN 978-89-509-2647-2 03300
책값은 뒤표지에 있습니다.